SHODENSHA
SHINSHO

「お墓」の心配無用 手元《てもと》供養のすすめ

山崎譲二

祥伝社新書

はじめに

「昨日まで　人のことかと　思いしが　おれが死ぬのか　それはたまらん」

と詠んだのは、江戸時代後期の幕臣で狂歌師の大田南畝《おおたなんぽ》（蜀山人《しょくさんじん》）でした。男性に限った話ではありませんが、江戸時代の勤め人も現代社会のサラリーマンも、その日を生きるのに一生懸命で、50歳近くなっても自分の死や肉親の死にリアリティを持たないもののようです。いや、気になりながらも考えたくないテーマなのでしょう。

私もそうでした。父の突然のがん宣告で余命を知らされ、親の死に向き合わなければならない状況につき落とされたのです。まず考えたのは、「おやじが生きてるあいだに、自分は何をしてあげられるのか？」ということでした。次男坊で若いときに故郷を離れていた私は、家族とともに極力実家に帰り、父とのいい思い出をつくろうと努めました。それと同時に葬儀やお墓のこと、供養のことを真剣に考えるようになり、それらのことに全く無知な自分に気づいたのです。父への感謝（供養）をどう表わせばいいのか？　自分が納得できる供養の方法とは何だろう？　真剣に悩み、考え、調べもした末にたどり着いたのが、手元供養という考え方でした。

がん宣告を受けてから2年後に父は亡くなりました。遺骨は家墓には納めず、私の作った手元供養品に納まり家族それぞれの手元にあります。残った遺骨は半分に分け、父の遺言どおり海へ散骨するとともに高野山に納骨しました。

あなたは、「死んだらお墓に入る」のは当然と思っているかもしれません。でも、あなたが死んだあと、誰がお墓を守ってくれますか？　連れ合いに「あなたの先祖と一緒のお墓に入るのはいや」と宣告されたらどうしますか？　今や多くの人が、こうした現実的な問題に直面しているのです。日本の「お墓」は、あなたの知らないうちに劇的に変わろうとしています。葬儀や供養の方法の選択肢も広がって、「死んだらお墓に入る」は、必ずしも常識ではなくなってきているのです。

本書で紹介する手元供養品が世の中に登場して10年近くになります。手元供養は、自由で形式にこだわらない、心のこもった自分らしい供養を可能にする、新しい日本の葬送文化です。お骨をオブジェにして手元に置いたり、ペンダントにして身に着けたりすることで、愛する人を亡くした喪失感を癒すグリーフケアにも大きな力を発揮します。お墓に代わるメインシステムとして、また、散骨、樹木葬、永代供養墓などの新しい葬法と組み合わせて自分が納得できる供養を実現するためのサブシステムとしても優れています。採用するかどうかはあなた次第ですが、これで大切な人の供養やお墓の心配はかなり軽減されることと思います。

本書では、私の供養観と手元供養の実際を紹介するとともに、変わらざるを得ないお墓を取り巻く背景と、新しい葬法の最新情報を紹介します。亡き人のお骨を手放せないでいる方、近い将来対峙しなければならない肉親の葬送について考えている方、葬儀やお墓の問題、納骨や供養のことで悩んでいる方に、この本が少しでもお役に立てれば幸せです。

平成19年7月

山崎《やまさき》　譲二《じょうじ》

●目次

第2章　手元供養の考え方……41

第5章　「夢のある葬送」の提案……161

第6章 供養に関するQ&A……179

資料編

行動するための各種連絡先……197

第1章　悩みを抱えるお墓事情

変化する日本のお墓

「イエ制度」が支えた「家墓」

日本のお墓の歴史を見ると3〜7世紀ごろまでは、天皇や豪族など位の高い人は古墳に埋葬されましたが、庶民の遺体は山、野原、林、島などへの野捨てが一般的でした。室町から鎌倉時代にかけて、村のはずれに「共葬墓地」が出てきますが、まだ現在のような墓石を建てるカタチではありませんでした。

庶民がお墓を作るようになったのは、江戸時代以降といわれています。全国を統一した徳川幕府はキリシタン排除と住民管理の目的から、お寺に家ごとの宗旨人別帳（現在の住民台帳）作成を義務づけ、すべての家が地域のお寺の檀家となる「寺檀制度」が確立しました。家の葬儀やお墓の管理はお寺が行なうことになり、それ以降、仏式の葬儀が日本に定着したのです。

明治から続く山崎家（著者）の家墓

明治に入って、天皇を頂点とする家父長制の「イエ」意識が強化されると、日露戦争のころから○○家の墓、○○家先祖代々の墓などと刻《きざ》んだ家単位の墓碑が現われ、一つの墓に何人も入るという「家墓」が一般化していきました。

第2次大戦後、「イエ制度」は廃止され、それに代わって新たに制定された「夫婦制家族」は、婚姻によって成立し、夫婦の片方か双方の死亡によって消滅する一代限りの制度です。お墓も「イエ制度」の縛《しば》りを解かれ、お寺・公共墓地・民間霊園を舞台に夫婦墓・家族墓など新しい形式のお墓が建てられるようになりました。

ただ、お墓を含む先祖祭祀については「慣習に従う」とされ、現在でも長男がお墓を守るという意識が残る結果となっているようです。

少子化が「家墓」を破壊する

わが家でもそうでしたが、戦前の「イエ」は、地域に根付き3世代同居はざら、子だくさんの大家族が一般的で、祖父母が亡くなっても孫が生まれるというように世代交代が連綿と継続し、生業《なりわい》も戸籍も継続してきました。したがって継承を前提とする「家墓」は、先祖を祀り代々継承される家のシンボル（象徴）でもあり、永続的で合理的なシステムでした。

しかし、戦後の日本では歴史上経験したことのない急激な家族の変化が進んでいます。1960年に4・12人だった世帯当たり人口は、2005年現在、核家族化が進んで1人世帯、2人世帯が大幅に増加したため2・55人になりました。夫婦と子どもからなる世帯は全世帯の3割しかありません。もう一つは少子化です。子どものいる世帯に限ってみても1世帯の子どもの数は1・67人にすぎません。これは平均

無縁墓となり、野積みされた墓石の墓場

値ですから、これからの子どもたちの多くは、一人っ子同士で結婚せざるをえません。
一人っ子同士の結婚の結果、どちらかの「家」がなくなり、新しい世帯では、2つの墓を守っていかなければなりません。新しくお墓を建てる場合でも、このお墓の半分は子どもたちの代で継ぐ人がいなくなるのです。嫁いだ女性が実家の墓の面倒もみなければならないことになります。実家の法事やお寺さんとの付き合いなどが、重く肩にのしかかってきます。
子どもに同じ苦労をさせたくない、と考える親の気持ちは自然です。良い悪いは別として次の世代では、お寺さんとの関係も薄くなり離檀に至るケースや、お墓の管理も行き届かなくなり、最終的には無縁墓となっていくケースも増えるでしょう。継承を前提とする従来のお墓のシステムの崩壊です。すでに都市においても地方においても、このお墓の無縁化は進んでいます。

納骨・供養の新しい流れ

1990年ごろからこの状況は現われてきました。新しく登場した一代限りのお墓は、そのような状況の中で急速に増えてきています。それを「永代供養墓（合葬墓）」といいます。さらに都市住民の増加により、地域に根ざした「イエ」意識が薄れ、宗教離れ・お寺離れが進んだ結果、供養の対象も「イエ＝代々ご先祖様」から「個人＝顔のわかる祖父母まで」に移ってきています。

親世代では、医療技術の向上で寿命も延び、高齢化が進んでいます。人生80年時代、長くなった分、リタイア後の趣味や旅行にかける費用や生活費、医療費の負担から、蓄えを取り崩している人が多くいます。その結果、葬儀やお墓（供養）に回すお金にも余裕がなくなってきているという話はよく耳にします。

東京23区の葬儀社へのヒアリングによれば、葬儀の15～20％は、葬儀を行なわない火葬だけの「直葬《ちょくそう》」と呼ばれる経済的な葬儀になっています。

格差社会が進行する中、子どもたち世代も、バブル崩壊以降伸びない給与や増える社会保障費を抱え、生活に余裕のある人は少なくなってきているのです。

このような影響からか、いずれ無縁化するのであれば、子どもに面倒をかけたくない、高いお墓を買うより子や孫にお金を遺すか、老後を楽しむことに使いたいと思う人が確実に多くなっています。さらに、永代供養墓のほか、「樹木葬」や「散骨」といったお墓以外の新しい納骨・供養を選択する人も徐々に増えているのです。

このように納骨・供養を取り巻く環境は、この10年ほどで急速に、それも劇的に変わってきています。

コラム　直葬《ちょくそう》とは

通夜や葬儀・告別式等の儀礼的なこと一切を省き、火葬だけで死者を送る、お葬式を行なわない葬法です。

死亡が確認された病院から遺体を火葬場へ直接運び、死後24時間経過後、火葬します。会葬者は10人程度と、こぢんまりおさめます。この葬送の形式は、東京を中心に広がりをみせています。遺体を荼毘《だび》に付せば弔いは終わりです。

所要時間は2時間弱。僧侶に読経してもらうこともでき、葬儀社に頼めば僧侶を紹介してもらえます。費用は僧侶が入らなければ総額30万円程度です。

直葬を請け負う葬儀社も、大都市を中心に全国に広がっています。近くの葬儀社に問い合わせるか、インターネットで「直葬　葬儀社　所在地（例えば東京）」で検索すれば簡単に見つかります。

夫婦間の意識のズレ

女性は5度、葬式を経験する

昔から女性は5度葬式を経験すると言われます。それは、自分の両親であり、婚家の両親であり、そして最後は夫です。5度目の最後の葬式では、妻である自分が責任者となって夫を送り出すことになります。そもそも、夫とは葬式への取り組む姿勢の真剣さが違うのです。

世の男性のほとんどは、自分の最期は妻が看取ってくれるものと思いこんでいる節があり、その分、生前の準備がおろそかです。そのため、順番が違ったとき、心の準備ができていない男性はパニックに陥《おちい》り、深刻なケースでは生きる気力が萎えてしまいます。あるデータによると、還暦を過ぎて夫を看取った妻の余命22年に対し、妻を看取った夫の余命は5年という数字もあります。

なんとも強い女性。それに対して、弱い男性であることか。

葬儀に対する男女の問題意識の違い

葬儀関係のセミナーや勉強会に行くと参加者は圧倒的に中高年女性で、皆さん、とても熱心です。

仕事に追われて参加できない男性に比べ、子育てを終えた40～50代の女性たちは時間的にも余裕があり、また、ちょうど両親を送る年代にさしかかっています。高齢の方はまさに自分自身の問題として、強い関心を持って参加されています。

あるテレビ局の人に聞いた話ですが、葬儀やお墓をテーマにした特別番組を放送すると、まず間違いなく視聴率が取れるそうです。それだけ人々の関心が高いテーマなのです。

例を挙げると費用の問題があります。２００３年９月の日本消費者協会の調査によると、葬儀費用の全国平均は２３６・６万円でした。葬儀・葬送は、大切な親族を送る儀式というだけではすまない、家計に関わる大きな経済問題を抱えているのです。

例えば一人っ子同士が結婚した場合、その世帯で双方の両親の葬儀費用を負担すると1人平均200万として4人で800万円かかります。家計を預かる妻にとっては真剣にならざるを得ない現実です。

また、東京都生活文化局の「葬儀にかかわる費用等」調査（2001年）によると、葬儀を行なった8割の人が何らかの後悔をしているという結果が出ています。金銭的なことが中心で、「費用の追加支払いが多くなった」「予定より派手になってしまった」が上位を占めています。こうした点についても、女性たちの目は厳しくなってきているのです。

葬儀やお墓の話題は今はタブーではない

今や、「死」に結びつく葬儀やお墓の話は昔のようにタブーではなくなっています。例えばテレビでも、ここ2年ほどのあいだに、生前のサークル仲間が故人を偲《しの》んで演奏する感動葬儀や生前の趣味をテーマにした演出葬儀、ホテルで開かれる「お別れの会」や「生前葬」など、厳粛で宗教色の強い従来のイメージとは異なる、新しいスタイルの葬儀が紹介されるようになりました。低価格に挑戦する葬儀社のドキュメンタリーなども評判になったようです。

供養についても、「樹木葬」や「散骨」が新聞で紹介されたり、話題となった『世界の中心で、愛をさけぶ』では、愛する人の遺骨を小瓶に入れて持ち歩くシーンが、ロマンティックな行為として描かれています。中高年女性に人気のある韓流ドラマは、山の頂や磯からの感動的な散骨シーンでジ・エンド、というのが定番です。余談ですが、韓流ドラマの散骨シーン多用の背景には、環境や国土利用の問題から、伝統的な土饅頭型墳墓（直径4ｍほどの饅頭型の円墳。表面は芝生になっている）の扱いに頭を痛める韓国政府の思惑があるという話もあります。

実質主義の現代女性

現代の女性は、実質主義で、世間体とコストを天秤にかける賢い消費者でもあります。彼女たちの葬儀やお墓に対する最優先事項は、今や「なるべく、子どもに面倒をかけたくない」であって、その範囲内で自分らしい葬送プランを描いているのです。

「永代供養墓」「樹木葬」「散骨」など、しきたりに縛られない〝自由な葬送〟の主役は、女性であると私は考えています。

男性の場合、特に長男は、小さいころから墓参りをし、また親から言い聞かされているため、なんの疑問もなく死んだら「家墓」に入るものと思っている人が多いようです。「家墓」は一族への帰属意識の象徴であり、またやすらぎの場所でもあるという思いが強いのではないでしょうか。

次男・３男となると、「家墓」に対する思いは長男とあまり変わらないのですが、分家意識と戦後教育の影響もあって、新たに〝自分の家族の墓〟を建てたいと考えている人が多いようです。

死後別居と死後同棲

死後別居——夫と一緒のお墓はイヤ

夫が次男・3男の場合は、イエ意識から自由な分、あまり問題にならないのですが、夫が長男となると、妻との間で「お墓」への思いに大きな落差があります。舅・姑との関係で苦労してきた年輩の女性たちはもちろん、戦後の新しい家族像の中で生活してきたもう少し若い女性たちも、必ずしも夫の「家墓」に入るとは限りません。

ライフデザイン研究所が1997年に行なった「現代人のお墓に対する意識」では、男性は「自分の実家の墓に入りたい」が49％でトップであるのに対し、女性で「夫の実家の墓に入りたい」という人は23％にすぎません。驚くべきことに1990年に総理府が行なった別の調査では、36％の女性が「自分の両親の墓に入りたい」と回答しています。「イエ制度」の時代には考えられなかったことです。

以前、私が受けた相談に、「父は小さくてもいいからお墓をと言い遺し、母は、自分は散骨にして、と言って相次いで亡くなった。現在、両親の遺骨を抱えているが、一人娘の私は、納骨と供養を一体どうすればいいんでしょう？」というものがありました。こういう例は、じつはめずらしくありません。夫婦が同じ墓に入ることは、今や常識ではないのです。

「樹木葬」を行なうお寺の住職にお聞きすると、申し込むのはほとんど女性で、なかには夫には内緒で生前契約をして帰る人もいるといいます。〝お墓の継承者がいない女性のために〟を目的に開設された妙光寺（新潟）の「永代供養墓」においても〝夫と別の墓を希望して〟という死後別居が８％（２０００年10月現在）にものぼっています（井上治代著『墓をめぐる家族論』平凡社新書より）。

世に「散骨」や「樹木葬」「永代供養墓」など魅力的な選択肢の増えた現在、はたして妻はすんなり夫と一緒の墓に入ってくれるのか。大いに疑問です。

心配な男性は、一度、奥さんに確かめてみることをおすすめします。今ならまだ間に合うかもしれません。

死後同棲――お骨とともに生きる人たち

ここまで、夫婦間の思いの違いや感情のズレから同じお墓に入らないケースが今後増えそうだ、と紹介しましたが、最愛の人と死別した後も、生前一緒に暮らしていた居間や寝室にお骨（骨壺）を安置して、生前と同じように語りかけながら暮らしている人たちがいます。生涯、いや来世も一緒にいたいと願う、深い愛で結ばれた人たちなのでしょう。

じつは、この気持ちが「手元供養」なのです。

著名人の中にもこのような〝死後同棲〟をしている人、していた人がいます。ここでは、3人の例をご紹介します。

〈茨木のり子さんの場合〉

詩集『倚りかからず』など気骨のある作風で知られる詩人・茨木のり子さんは2006年2月、79歳で亡くなりましたが、死後、「歳月」と題した40編の未発表の遺稿が見つかりました。その中に「新婚の夜のけだるさのなか　わたしは思わず呟いたどちらが先に逝くのかしら　わたしとあなたと」という、従来の作風とは全く異なる詩があって、周りから驚きをもって受け止められました。

しかし、そんな夫婦の情愛の深さを証明するかのように、寝室の枕元に、何度も触った跡がある小さな木箱が見つかり、その木箱には夫・安信さんの戒名と「骨」の文字。中には骨が数かけ入っていたといいます。

社会や生き方について冷徹な詩を書き続けた詩人の姿の向こうに、愛する人のお骨をひそかに側に置いて暮らしていた、もう一人の彼女がいたようです（平成18年12月4日の朝日新聞の記事から）。


〈沢村貞子さんの場合〉

女優の沢村貞子さんは、1994年夏に夫・大橋恭彦さんが亡くなると、2人の50年の暮らしの記録である『老いの道づれ』（岩波書店）を書き上げ、9カ月後の96年8月、静かに息をひきとりました。

沢村さんは生前、先に逝った夫の骨壺を好きだったえんじ色の縮緬《ちりめん》の風呂敷に包み、窓から海の見える居間の飾り棚に置いて毎日話しかけていたそうです。彼女が亡くなった後、生前からの夫婦の希望どおり、友人たちによって2人の遺骨は一緒に相模灘の海に散骨されました。

〈永六輔さんの場合〉

永六輔さんは、二人三脚で歩んできた愛妻・昌子さんに先立たれ現在一人暮らし。読売新聞（2005年10月11日）に載った永さんの本『あの世の妻へのラブレター』の紹介文に、こういうくだりがあります。「愛し合った夫婦、親子であっても必ず別れの日が来る。そもそも人間は必ず死ぬ。だから亡くなった後も、普通に付き合いたい」。

東京・浅草のお寺に生まれた永さんは、「仏教徒の場合、亡くなった人は草葉の陰にいる。つまり振り向けば、いつもそのへんにいる。僕がはがきを書くのは、相手がいるかもしれないと思うから」と語り、遺言どおり妻の骨壺は墓には納めず、「粋な江戸小紋の風呂敷ん中に入って、我が家の緑の窓辺にいます」と書いています。

最愛の人を亡くした後、家族の集う居間に手元供養品を置いて、心のやすらぎや生きる元気をもらっている人はたくさんいます。「お骨（お骨となってしまった大切な人）とともに生きる」ことは、他人はいざ知らず残された者にとっては大きな力となるのです。

「死んだらお墓に入る」は、常識ではなくなりつつある

ここまで、〝悩みを抱えるお墓事情〟をみてきました。少子化の影響は大きく、「イエ制度」が希薄化することで「家墓」システムが崩壊しつつあります。想像以上に従来の供養のカタチは変貌してきているのです。

今や人々の選択は、継承を前提としない新しいお墓納骨のカタチである「永代供養墓」や、新しい納骨のカタチである「散骨」「樹木葬」などへと、大きく面舵《おもかじ》を切っているようにみえます。かつての日本人にとって単純明快な常識だった「死んだらお墓に入る」は、すでに多くの人にとっての常識ではなくなりつつあります。個人の考

えや思いに沿った自由な葬送・供養が行なわれる時代を迎えているのです。

団塊世代が送られる立場となる10年後、20年後、納骨のカタチはどうなっているでしょうか？　今はまだ主流を占めているお墓ですが、そのころはさまざまな選択肢のうちの一つになっていることも十分考えられます。

コラム　**骨噛《ほねがみ》**

戦前までの日本各地には、故人と一体化したいという思いから遺骨を食べたりかじったりする「骨噛」という習慣が残されていました。死者の魂を受け継ぐという儀式的意味合いがあったそうですが、故人への愛情の表現という点では、「手元供養」も根本は同じです。

俳優の高倉健さんが著したエッセイ集『南極のペンギン』（集英社文庫）の〝ふるさとのおかあさん〟の中に次のような文章があります。

「おかあさんが死んだとき、ぼくは『あ、うん』という映画の撮影中だった。葬儀に、まにあわず、一週間もおくれて、ふるさとに帰った。形どおり、お線香をあげて、おがんでいるうちに、おかあさんの骨が見たくなった。仏壇の骨箱をあけ、おかあさんの骨を見ていた。きゅうに、むしょうに、おかあさんと別れたくなくなって、骨をバリバリかじってしまった。そばにいた妹たちはぼくの頭が、おかしくなったと思ったのだろう。でも、そうではない。りくつではなく、そのとき、おかあさんと、どうしても別れたくないと強く思ったのだ。（中略）人生には深いよろこびがある。骨になってもなお、別れたくないと思える、愛するひとに出会えるよろこびだ。人生には深い悲しみもある。そんな愛するひととも、いつかかならず別れなければならないことだ。でも、おかあさんはぼくのなかで、生きつづけている」

寄稿コラム

死んだ人に会える。遠くに別れた気がしない——供養の心

土口《つちぐち》哲光《てっこう》和尚（真言宗総本山東寺　教化部長）

横浜市中区山下町の老舗洋食店「かをり」経営者の板倉敬子社長は、順風満帆のなかで、6年前に突然、死に神に襲われる。他社に勤務する長男・達人さんが「母を助けて、〝かをり〟の後継者になる」と入社を決めた。ところが、35歳という若さで心臓発作のために急逝。頼りにしていた息子に先立たれた母の嘆きは深く、大声で泣きたくとも、泣くに泣けぬ毎日。食事も喉に通らず、じっと耐え抜ぬいた。

遺骨をお墓に納めることができず、お仏壇のそば、手元において供養することで心の安らぎを得た。ようやく、今春3月17日、菩提寺で七回忌供養を営んで、ご先祖からのお墓に納骨した。

このあと、「かをり」に百数名を招いて「偲ぶ会」を開催。席上、作家で僧侶

の瀬戸内寂聴さんが「ご子息を亡くされ、逆縁の悲しみをどうお慰みさせて戴いていいのかわかりません。関西には、〝日にちぐすり〟という癒しの薬がありま す。月日が悲しみを忘れさせてくれるのです。さあ、これからも息子さんと一緒に頑張りましょう」と、力づけた。

死んだ人にまた会える。何だか遠くに別れたような気がしない。それが供養心を持つものの特権でないかと思う。

第2章　手元供養の考え方

私の選択

本物の供養とは何か？　を考える

私の実家は、愛媛県松山市で明治から3代続く魚屋。私は1949年、職人気質の父と、商売上手の母のもと3人兄妹の次男として生まれ、のんびりとした松山で、親や周りから愛情をいっぱい受けて育ちました。

1968年、ダム技師にあこがれ日本大学理工学部土木工学科に進学。学園闘争の始まった中、まともな授業は受けられませんでしたが、社会のありように目を開かされデモにも参加しました。その後、休学してダム現場にも入りました。この現場での10カ月の経験は、人格形成に大きな影響を与え自信ともなりましたが、卒業時にはダム技師を選ばず74年、当時伸び盛りのセゾングループ西武都市開発（後の西洋環境開発）に入社しました。

会社では東京、仙台、東京、京都、大阪と3年ごとに職場の変わる転勤族でした。仕事は面白く、あちこちのまちづくりに関わりヨーロッパやアメリカのまちづくりや、プライベートではアジアを気ままに旅するなど恵まれたサラリーマン生活でした。

サラリーマン最後の仕事は、バブル崩壊を受けた六甲アイランドの遊園地の再建事業でした。苦労してやっと目途が付いた頃、阪神大震災に遭遇。震災翌日、京都の自宅からバイクで職場に向かう途中、いつもと変わらない町が武庫川を渡った途端、崩れ落ちた家、家、家、倒れた高速道路や焼け焦げた建物に愕然とし、無常感に襲われたことを今も鮮明に覚えています。

プロジェクトも頓挫、これが潮時かな？　と思い、21年間のサラリーマン生活に終止符を打ち、まちづくり会社を設立。45歳でした。

友人や周りの応援もあり仕事は順調でした。そんな私も、たまに松山の実家に帰ると、親がだんだん小さく足腰が弱くなってゆく姿をみて、「歳をとってきたナー」と感じるようになっていました。

そんな自分が、2002年の正月、妹から長くて1年と父のガンを知らされました。

故郷を離れ好き放題に生きてきた自分をずっと支えてくれた父に対し、悔いや焦りにも似た思いに駆られました。

その当時、葬儀の後に待っている故人の供養の対象といえば、位牌やお墓しか思い浮かびませんでした。次男坊の私にはお墓という選択は考えられず、かといって日頃無信仰な私にとって、宗教色の強い位牌での供養は形式主義に感じられ、疑問を感じていました。

どうもあの位牌のデザインが、大好きだった父と自分の間に距離をつくってしまうように思われたのです。

ならばアメリカ風に写真立てか、とも思いましたがそれも軽すぎる気がして、決められないまま日が過ぎていきました。

そんなある日、インターネットで遺骨をプレートに加工し自宅で身近に供養するという供養商品に出会いました。遺骨を加工することに抵抗はありましたが、「父の遺骨」そのものを供養の対象にすれば私が考える本物の供養になる！　と「腑に落ちた」瞬間でした。

しかし、私の望むような、お骨を入れて供養の対象とする商品はどこをさがしてもありません。ないんだったら自分で作ってやろう！　とそのとき思い立ちました。

商品開発は、まちづくりで培った長年の経験もあり自信もありましたが、父のタイムリミットを考え必死でした。

私が求めるカタチは、いい仏像や美しい日の出に出会ったとき感じる、あの自然と手を合わせ頭《こうべ》を垂れるものでした。お骨を納めるオブジェのデザインは重要でした。大切な供養の対象ですから…。

飽きのこない高いデザイン性とともに素材にもこだわりました。まちづくりを通して知り合った友人のデザイナーや陶芸職人の協力を得て、ゼロから試行錯誤を繰り返すことほぼ1年。やっと自分で納得のいくカタチ・作品が完成しました。それが清水焼で作った「おもいで碑」です。

自自分と同じような思いを持つ人は多いはずだ、と考えるようになった私は、それを「手元供養」と名づけ、㈲博國屋《ひろくにや》を設立しました。02年8月。52歳のときでした。

新しい供養のカタチを求めて

50歳を過ぎるまで、葬儀とか供養とかに全く関わりがなかった私がなぜ手元供養品を作り、会社を設立し、さらに同じ考えを持つ仲間と集ってNPO手元供養協会までつくり手元供養を広げようとしているのか？

当初は、伝統、しきたりなど従来の価値観の強固に残る葬送文化、葬送業界の厚い壁に阻まれ、「なるほどね」とはいわれても、彼らに受け入れてもらえませんでした。

手元供養を初期に理解し受け入れてくれたのは、インターネットユーザーと神戸の生協系の葬儀サービス部門でした。神戸は阪神大震災で多くの人が亡くなりました。組合員でもある遺族と接する機会の多い彼らは、遺族からまさに手元供養品を望まれていたのです。それは、故人そのものである遺骨にこだわり、宗教やしきたりに縛られない〝素の心〟で故人を偲ぶ対象でした。利益ではなく、組合員（＝消費者）のニーズにスタンスを置いた生協だからこそ手元供養に踏み出せたのかもしれません。これは、私にとって大きな自信となりました。

その後、手元供養品は市民団体の主催する新しい葬送関連イベントや設立されたN

PO手元供養協会が主催した全国の手元供養展で、来場者の共感・反響を得ます。やがて全国紙や、地方のミニコミでも、新しい供養のカタチとして取り上げられるようになりました。今では、葬送をテーマにした本でも紹介されるようになり、葬儀会社、仏壇店、石材会社のそれぞれ日本大手の企業や時代のニーズに敏感な企業、全国の地域生協でも一つの葬送のジャンルと認められ取り扱われるまでに普及しています。

このような、苦労の多い仕事を5年も続けてこれたのも、たぶん、手元供養品を購入された人からの、心からの感謝の言葉や、安堵したうれしそうな顔に出会える喜びのお陰ではないかと思います。今どき、お金をいただいて、その上感謝される商品はなかなかないのではないでしょうか？　手元供養の普及活動は、私にとって使命とも思うようになっています。

父が「おもいで碑」に

2003年9月4日、父は家族に看取られ静かに亡くなりました。79歳でした。家族で相談し、遺骨は遺言どおり父が子どものころ育った瀬戸内海へ散骨するとともに、好きだった空海の眠る高野山に納骨しました。遺骨の一部は、生前の写真を焼き付けたオブジェに納骨し、今は母と兄妹それぞれの元にあります。

父は、地蔵（おもいで碑）となって机の上で微笑みながら、「譲二！ 何よりまず健康が一番だぞ。あまり飲み過ぎんように。友だちは大切にしなさい」「そりゃあよかったな。まー、そうゆうこともあるがぁー、頑張れよ」などなど、私の日々の報告にいろんな言葉で励ましてくれます。私は父が生前好きだったタバコを1本、毎朝お供えします。供養のつもりが、逆に私のほうが日々癒され、励まされています。

父の遺言とはいえ、故郷の慣習に反してお墓に納めなかったことはよかったのだろうかと、心が揺れた時期がありました。3回忌の日は、亡くなった時間に兄妹、孫たちはそれぞれの地で父（祖父）を思い黙禱しました。今は、すっきりとこれでよかったのだと思っています。父の死を受け入れることができ、地蔵となってそばにいる父を感じることができるからだと思います。

そして私もまた、自分の遺骨は、妻や子どもたちの手で大好きな瀬戸内海に撒《ま》いて欲しいと思っています。一部は手元供養にして…。

「おもいで碑」で始まった博國屋の手元供養品も、利用者の声に励まされ今では写真立てタイプのものや、天然竹と漆で作ったお守り・ペンダント、真鍮を削りだして作ったミニ骨壺など、さまざまな製品が登場しています。

家族の手で散骨した海

おもいで碑となった父がいつもそばにいる

一つずつ増えてきた手元供養品

手元供養品とはどういうものか

〝心の拠り所〟としての手元供養品

手元供養とは、故人の「お骨」を供養の対象として、いつでも〝手元〟で大切な〝故人〟を供養するという考え方です。そのために、さまざまな供養品があります。お墓や位牌の代わりといってもよいでしょう。

ただ、ここでいう供養とは、故人の成仏を願う気持ちだけでなく、遺された人たちにとっても、故人に感謝し、偲ぶことで、故人のぬくもりを感じ、それにより癒され元気をもらう〝心の拠り所〟として存在することです。

手元供養品は、大きく2つの使われ方をしています。一つは逆縁《ぎゃくえん》（早世した子ども）や、長年連れ添ってきた連れ合いが亡くなりお骨を手放す寂しさに耐えられない人が、オブジェにして手元に置いたり、ペンダントにして身に着けたりするグリーフケア（大切な人を亡くした悲しみからの回復をお手伝いする）の対象としての使われ方。そして、もう一つは、さまざまな理由からお墓の代わりとして使うケースです。

手元供養品には、お骨の一部を収納するタイプとお骨を加工するタイプの2種類があります。すべての手元供養品は、「祈り」や「偲び」が可能なカタチであり、身近に置き、身に着け、ときには握りしめ、手を合わせ、語りかけられるさまざまなデザインのものがあります。

購入した人たちが手元供養品を選んだ理由

手元供養は、仏壇やお位牌に対する宗教儀式やしきたりなど伝統的で形式的な文化とは一線を画しているのが特徴で、それぞれの思いの表現として〝自分らしい〟〝故人らしい〟供養の想いに応える対象となっています。

博國屋の購入者アンケート調査でも、手元供養品を選んだ理由の上位3つは「故人の一部である遺骨は、仏壇や位牌より身近に感じられる」「そばに置いてあげたかった」「持ち歩くことができて、いつも一緒にいる感じがいい」と、供養といっても自由で形式にとらわれないところが魅力となっているようです。

寄せられた主な理由は、次のとおりです。

①お墓はあるが、手元に置いて故人を偲びたい。
②お墓の継承者もなく、無縁仏になる可能性が高い。
③お墓が遠く墓参りが難しい。
④子どもや連れ合いを亡くし孤独感、寂しさから遺骨を手放せない。
⑤できるだけ子どもに面倒をかけたくないが、供養はしてもらいたい。
⑥長い海外生活やたびたびの転勤で墓地の場所が決められない。
⑦経済的、あるいは何らかの事情でお墓を建立できない。
⑧将来のためにお骨の一部を手元に残しておきたい。
⑨自然葬を希望しているが、遺族が手を合わせる対象も必要だと考えている。
⑩そもそもお墓は不要と考えているが、何らかのカタチで偲んでもらいたい。
⑪洋風の生活なので部屋にマッチする小型仏壇と組み合わせて供養したい。

⑫次男・３男や嫁いだ身だが、両親を供養したい。
⑬仏壇はないが、何かで故人を偲びたい。
⑭高齢で日々の墓参が困難になってきた。

新しい動き――生前購入

手元供養が広がるにつれ、自分の死後の祀られ方を家族に明快に表明する目的で、生前に手元供養品を購入する人が多くなってきています。

①家墓には入りたくない。
②子どもに墓のことで負担をかけたくない。
③自分が選んだ手元供養品で、いつも子や孫たちのそばにいて、偲んでもらいたい。
④自分が死んだ後も、連れ合いや子どもたちを守ってやりたい。
⑤いつ何が起こるかわからない。自分の行き先が決まることで安心して生活したい。

などが、購入した方たちの主な理由です。自分の行き先を決めることでの安心感や、自分が亡くなった後、自分の意思と反した祀られ方をされないための意思表示の手段ともなっているようです。

お墓と違い自分のポケットマネー（へそくり）で買える金額であること、「従来の供養とちがうけど、別に負担がかかるわけでもないしね」「母（父）がそこまでいうのなら仕方ないか！」と、子どもたちが納得してくれることを期待しての行動のようです。いずれにしても、子どもに負担をかけたくないと考える親が多い中、行く末の安心手段として定着した生前墓（寿墓）と同様、これからは、手元供養品の生前購入も浸透してゆくのではないでしょうか。家族のそばでいつも一緒にいられるという点では、より魅力的かもしれません。

コラム　識者の手元供養についての評論　1

いま、「手元供養」と呼ばれる新しい供養の形式が、確実にひろがりを見せている。注目に値するのは、その新しい動向を通じて、現代人にとっての死者の意味とイメージが静かに、また根本から変わりつつあることであろう。（中略）たしかにこれまでも、四十九日や一周忌を過ぎてもあえて納骨せず、家庭内の仏壇にながく骨壺を置きつづける人がいなかったわけではない。ことに、伝統的に小型の骨壺がつかわれてきた関西圏では、そのような方法があまり違和感もなく許容されてきたと言えるかもしれない。

しかし、手元供養の方式は、供養についての考えの根本において、これまでとは大きく異なっていると言わねばならない。なぜならそれは、本来なら墓地や納骨堂に納めるべき骨壺を何らかの事情によって自宅に置いておくという消極的な行為ではなく、大切な死者の遺骨をいつまでも身近なところにとどめておくことによって、そこに新しい死者——生者の関係をつくりだそうとする積極的な行為

であるからである。（中略）

そこでは、従来の遺骨が帯びていた宗教的もしくは霊的な意味を消去し、それを私的でパーソナルなメモリアリズム（追憶主義）の素材に置き換えようとする意図が明瞭に存在している。要するに、いまや死者の遺骨や遺灰は、葬と供養といった旧来の霊的・宗教的行為に属するのではなく、生者が死者を記憶し想像するメモリアリズムという目的のために利用され応用される新しいアイテムとなったのである。

霊的・宗教的な意味を失った故人の遺骨や遺灰は、その故人を想起し記憶するための象徴物であり、あえて言えば用具なのである。

また、それが象徴物であり用具である以上、墓地や納骨堂という特別の場所にそれを隔離しておく必要はなく、生者の日常的な生活空間のなかで共存できるのは当然のことなのである。

（『思想の身体・死の巻』春秋社〈学習院大学教授・中村生雄氏執筆〉より抜粋）

寄稿コラム

識者の手元供養についての評論　2

東洋大学准教授・井上治代氏

1990年以降、伝統的な霊魂観・他界観が形骸化し、集団から個人へと価値意識が転換する中で、死者と生者との接点は必ずしも墓や仏壇・位牌だけではなくなり、遺骨や写真といったものが意味を持ってきた。仏壇・位牌祭祀がありながら、なぜ遺骨祭祀（手元供養）が選好されているのか。筆者の行った意識調査の結果から説明すると、次のようになる。

家族が一代限りで、ラストステージが「夫婦だけ」から「独居」へ移行する核家族では伴侶性・親密性が強く、だからこそ現代人は死者を仏壇・位牌に「家」の先祖として祀る形式では満たされず、まるでそこに存在するかのように語りかけ「個人」として「身近に祀りたい」と願う。遺骨は一緒に暮らした「故人の一部であるという確かな存在感」と、「携帯性」「分配性」において、夫婦を単位とした核家族の死者祭祀に親和的であるといえるだろう。親子別居・移動社会で、持ち運べる遺骨であれば継承も容易であるし、携帯して一緒に旅に出ることもできる（携帯性）。一方、娘でも実の両親の死者祭祀が可能である点、さらに言えば次三男も含め、子の性別や出生順を問わず、みなで等しく親の祭祀ができるという特徴を持っている（分配性）。系譜的な先祖祭祀ではなく、近親の死者祭祀（遺骨祭祀）が求められ、「位牌分け」慣行にも通じる、R・スミスがいうメモリアリズム（追憶主義）が表出していることがわかる。

手元供養品のいろいろ

宗教色を脱した手元供養品

日本では、「分骨用位牌」という考え方は昔からありましたが、それはあくまでも亜流、傍流であって、〝珍奇〟なものとして取り扱われていました。

日本において宗教色を脱した手元供養の商品としては、1999年に発売されたエターナルプレート（お骨を加工してプレート状にした手元供養品／㈱エターナル・ジャパン）に始まりますが、2002年ごろから自然発生的に、日本各地でさまざまな手元供養品が商品化されるようになりました。

アメリカでは、メモリアルペンダントやミニ骨壺、ブックエンド型の遺灰入れなどさまざまなメモリアルグッズがそれ以前からあります。その中で日本に輸入されたメモリアルペンダントは、子どもを亡くした若い母親のあいだに口コミで広がり、値段の手ごろさもあって人気があります。さらに、海外商品で人気があるのが遺灰から作るダイヤモンド。スイス製と米国製の2種類がありますが、火葬率（スイス30％、アメリカ27％、日本99％）の高さや、ダイヤモンドになるという夢のあるところが女性に好まれ、いまや日本での需要は本国よりも高くなっているようです。

手元供養品の種類

手元供養品は納骨型と、お骨加工型の2種類に大きく分けられます。いずれも手元供養のための品物という特性からほとんどが職人の手作りで、アーティストがデザインしたこだわりの商品も多いようです。以下、代表的な手元供養品を紹介します。

【納骨型】

・オブジェタイプ

部屋置きタイプです。清水焼やみかげ石（庵治《あんじ》石）でできた地蔵さんや、写真が焼き付けられるオブジェ、卵形のオブジェなど。どれも中に金属製の納骨ケースが入っています。値段は陶器が7万〜10万円、みかげ石で8万〜20万円、アート作家のものになると38万〜80万円ほどです。

・ペンダントタイプ

チタン、ステンレス、シルバー、ゴールド製のメモリアルペンダント、根竹から作る納骨ペンダントなどがあります。値段は2万〜3万円。

・ミニ骨壺

真鍮製のほか、おしゃれなガラス製もあります。値段は2万〜3万円。

【お骨加工型】

・遺骨で作るセラミックのプレートとペンダント

遺灰に金属化合物の粉末を混ぜ、高温高圧で成形したファインセラミックを四角のプレート状にします。レーザーで写真や文字を彫ることができます。プラチナやゴールド、シルバーなどの貴金属で表面を装飾してペンダントに加工するものもあります。値段は13万〜30万円。

納骨型手元供養品〈オブジェタイプ〉

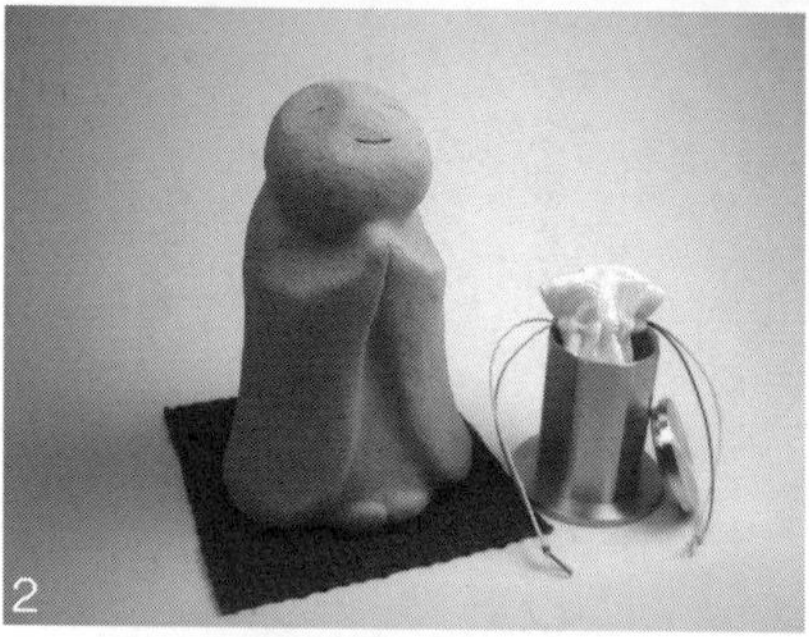

1 生命の永遠をイメージした「宇宙卵」
2 やさしい表情をした清水焼の「地蔵」
3 思い出の写真で作る「写真オブジェ」

写真提供（1・2・3）㈲博國屋

4みかげ石の「ふれ愛」
5みかげ石の地蔵さん「宝子」
6石彫作家の手になるオブジェ「魂の滴」
写真提供（4・5・6）㈲五峰産業

納骨型手元供養品〈ペンダントタイプ〉

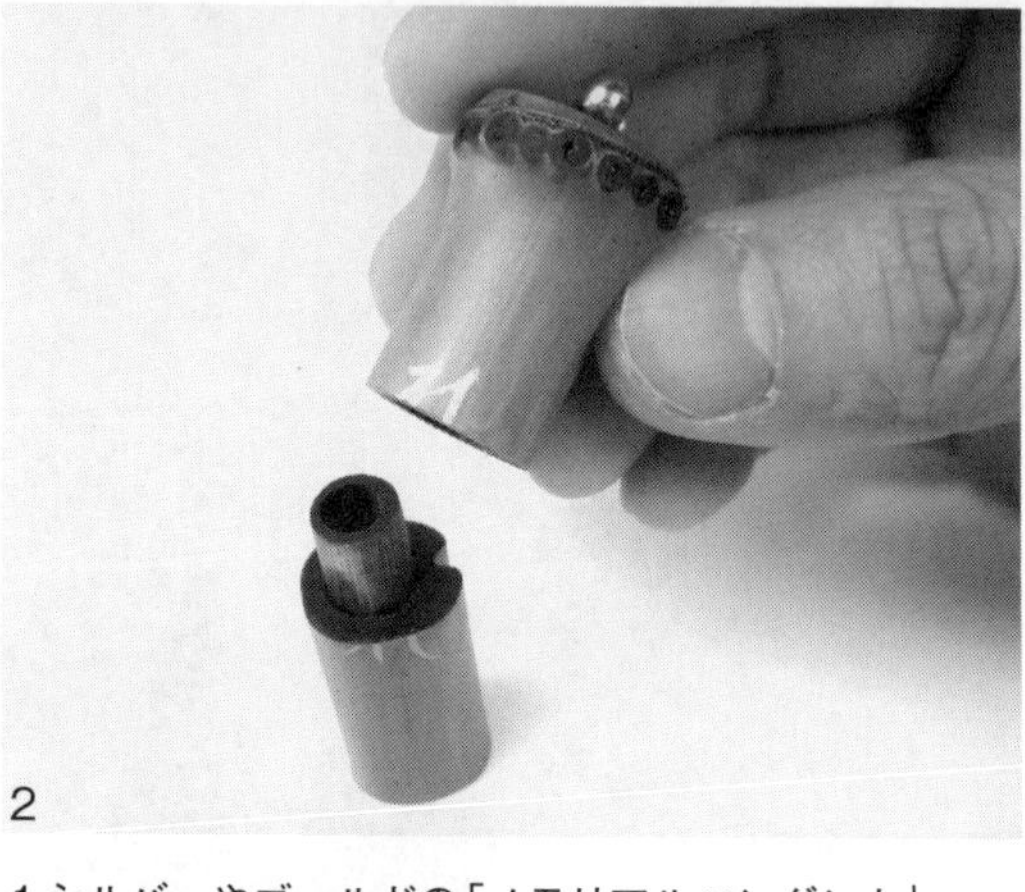

1 シルバーやゴールドの「メモリアルペンダント」
写真提供 ㈱ホウジョウ
2 そのまま棺に入る天然竹の「お守りペンダント」
写真提供 ㈲博國屋

納骨型手元供養品〈ミニ骨壺〉

1

2

1 ガラス製のミニ骨壺「夢の景色」　写真提供 ㈱ホウジョウ
2 真鍮製のミニ骨壺「なごみ」　写真提供 ㈲博國屋

お骨加工型手元供養品

1

2

1 手元供養品の草分け「エターナルプレート」
2 加工型ペンダントの定番「エターナルペンダント」　写真提供（1・2）㈱エターナル・ジャパン
3 遺灰で作る「アルゴダンザ・ダイヤモンド」
写真提供 ㈲アルゴダンザ・ジャパン

3

４石と遺骨で作る「レイセキペンダント」
写真提供㈱レイセキ

５写真と遺骨が一つに納まった「ロケットペンダント」
写真提供 ㈱ホウジョウ

・遺骨人工石によるペンダント

遺灰に水晶の粉を混ぜ合わせて溶かし、結晶化させた人造石をペンダントに加工します。値段は13万～30万円。

・メモリアルダイヤモンド

特殊な製法で遺灰から炭素を抽出し、結晶化させて人造ダイヤモンドにします。身に着けやすいよう指輪やペンダントに加工される方が多いようです。値段は40万～200万円。

従来の納骨方法と手元供養を組み合わせる

これまで紹介した手元供養品のほとんどは、火葬された〝全骨〟を納めたり加工したりするものではありません。あくまでもお骨の一部が対象です。そこで、残りのお骨の行き先（納骨方法）はどうするのかという問題が出てきます。

実際に手元供養を選んだ人たちは、どのような納骨方法と組み合わせているのでしょう。その例を挙げてみます。

◉従来のお墓＋手元供養
◉永代供養合祀墓＋手元供養
◉本山納骨＋手元供養
◉従来のお墓＋本山納骨＋手元供養
◉自然葬（樹木葬・散骨）＋手元供養
◉従来のお墓＋自然葬＋手元供養
◉永代供養合祀墓＋自然葬＋手元供養
◉仏壇＋手元供養
◉手元供養のみ

手元供養を選択肢に加え、さまざまな納骨方法と組み合わせることで、このようなバリエーションが生まれています。固定されがちな従来の葬送のスタイルに、新しい息吹を吹き込んでいると言ってよいのではないでしょうか。

なお、納骨方法、葬送のスタイルについては、第4章で詳しく紹介します。

コラム

日本人の遺骨信仰

日本人の宗教の根底には「遺骨信仰」があります。それは単にお骨に対する信仰だけではなく、「お骨」と不離一体の関係にある「死者の霊魂」との関係性の中にあります。

日本というのは、山川草木に覆われているという風土の関係もあって、死んだ人の魂が山に昇り、森に昇り、そこで神になるという信仰を創り出してきました。人は死ぬとやがて神になり、先祖になり、再び魂として蘇り、この世に生きている人に福を授ける。これが日本人の信仰の核だと考えています。そういう中で、「遺骨」というものを非常に大事にし、位置づけてきた民族と考えています。これが日本人の「遺骨信仰」です。

(宗教・民俗学者の山折哲雄氏が、大阪国際宗教同志会平成十二年度総会記念講演の中で述べた「日本人の遺骨信仰」から〔要旨〕)

コラム　東西で大きく違う「お骨上げ」の習慣

「火葬後の焼骨の拾骨方式の調査（1974年八木澤壯一・現共立女子大教授）」によると、東日本では焼骨をほとんど拾う全骨拾骨が一般的ですが、西日本（福井、岐阜、愛知以西）では喉仏を中心に体の各部位のお骨を少しずつ拾骨します。

したがって骨壺の大きさも異なり、東日本では直径・高さとも20㎝強と大きく、西日本ではその半分程度の大きさです。部分拾骨の斎場であっても、遺族の要望で全骨拾骨も、喉仏だけの拾骨もできます。

また、青森県では焼骨を納める容器は木箱です。北海道・新潟・石川・福井・愛知の各県では木箱と骨壺が混在しています。

拾骨した残りのお骨については斎場でまとめ、丁重な読経の上、一括して埋葬されているようです。

第3章 手元供養を選んだ人たち

購入者一人ひとりにドラマがある

購入した人たちの実例

手元供養品を求める人は、博國屋の商品だけでも年間1000人近くにのぼります。その人たち一人ひとりに、それぞれの思いやドラマがあります。

手元供養品は、百貨店や専門店で洋服を買うような具合に気軽に購入するというわけにはいきません。それは、逝ってしまったかけがえのない人にあらためて向き合う行為だからです。長い時間をかけ、心の整理をした上で購入される人も大勢います。故人そのものであるお骨を納める手元供養品は、その人の身代わりです。別の言い方をすれば、遺された人は故人の身代わりが欲しくて、手元供養品を購入するのです。

そもそもが父への感謝の思いの対象として作った手元供養品でしたが、今では私も予想しなかったことですが、お墓の代わりに求める人が増えています。また、家族同様に暮らしたペットのために購入する人もいます。ここでは、手元供養品を購入した人たちの実例を紹介します。どんな使われ方をされているか、参考にしてください。

〈家墓に入りたくない女性〉

妻は若いころから「知らない人ばかりで寂しい墓には入りたくない」と、家墓に入ることを嫌がっていました。しかし、インターネットで「おもいで碑」を知り、「分骨してリビングで家族と一緒にいられるのなら墓に入ってもいい」と考えを変えてくれました。現在、妻はお地蔵様の中でリビングのピアノの上から家族を見守ってくれています。（鳥取市　50歳男性）

〈妻に先立たれた夫〉

遠くて、代の替わった福井の家墓を選ばず、電車に乗って墓参のできる大阪の寺に納骨したが、全部手放してしまうと寂しくなるからと、お骨の一部を「おもいで碑」に入れ、居間の茶箪笥の上に置いて一緒に生活している。残ったお骨は粉骨し、子ど

もたちと一緒に思い出の場所に少しずつ散骨している。（高槻市　83歳男性）

〈妻に先立たれた夫〉

パンフレットを手にしたとき、写真オブジェはミニ墓石だと思い購入したしだいです。亡妻が傍にいるような感じがしました。オブジェの中に遺骨を入れ、故人のやさしい笑顔の写真を焼き付けたため、身近にいる感じがするのです。仏壇代わりに使います。故人の部屋にある本棚に置き、毎日供養するつもりです。私には、従来の高価な仏壇は不要です。（東京都　60歳男性）

〈妻に先立たれた夫〉

53年8カ月生活を共にしました妻を肝臓癌にて亡くしました。10年余の病気とのたたかいでした。平成5年から私は巡礼をはじめ、四国、坂東、西国、秩父と、全国各地の寺巡りをしております。病のため参加できなかった妻を胸に抱きこれから新しい巡礼をしたいと思い、ペンダントをお願いしました。きっと妻は私に抱かれて一緒に

巡礼の旅をすると思います。（長野市　80歳男性）

〈散骨と手元供養〉

夫は次男なので墓のことも考えましたが、子どもたちは遠方で、自分自身はこれから老いゆく身、墓をつくっても何時まで見守ることができるかを考えたとき、夫自身の遺言でもあったので散骨の方法を取りました。夫の遺骨を散骨し、地蔵に分骨して手許に置くようにしましたので、何時も傍にいるような感じで、一人暮らしながら、なぜか不安がなく安心した生活をしております。仏壇に置き毎朝声をかけられることが何よりです。足腰の弱い者にとっては身近で供養できる幸せを感じます。（福島県77歳女性）

〈子どものいない夫婦〉

夫が亡くなったとき、生前に話し合ったとおり、一部を手元供養に、残りの遺骨は永代供養墓に納骨した。手元供養の地蔵さんは、居間の小さな仏壇に入れ、毎日水をかえ花を飾って話をしている。子どもがいないので若いころから2人であちこちへ旅行してきた。今は一人で行くのは寂しいので、お地蔵さんを旅行鞄に入れて一緒に出かけている。（札幌市　70代女性）

〈遺族が困ってしまう遺言を残した夫〉

夫は「私が死んだら葬式はしなくてよい。お墓はいらない。戒名もいらない。仏壇も買う必要はない」、そう言い遺して46歳で病気で亡くなった。身内だけの葬儀は済ませたが、一周忌を前に親戚から「お墓もない。戒名もないでは困る。一周忌が済んだら納骨しないと仏様が成仏できないよ」と言われるし、頭の中が混乱してしまっていた。そんなとき、手元供養の新聞記事を見てこれだ、と思った。

遺言どおりにしていたら自分の手元には何も残らない。それが辛くてなかなか行動できないでいたが、これで夫の遺言も守り、自分のそばにもいてもらえる。残りのお骨は山が好きだった夫のために、山での散骨を考えているが、もう少し時間をかけて後悔のないようにしたい。（神戸市　40代女性）

〈子どもたちにこれ以上迷惑かけたくない〉

３年前に妻に先立たれ、遺骨は自宅に保管したままでした。私は内臓が弱く入退院を繰り返していますが、そのたびに付き添ってくれる長男への感謝と今後のことを考えて気の重い毎日を送っていました。老人クラブの友だちに見せてもらった新聞記事で手元供養品を知り、「おもいで碑」を生前購入しました。裏には、妻と自分の名前を入れ、妻のお骨を少しと、自分が死んだらその中に少し骨を入れて、いつまでもいっしょにいられるように子どもたちに頼みました。妻の残りのお骨は永代供養合祀寺に納骨しました。これで息子への負担も少なくなり、私も安心してお迎えを待てます。

（奈良市　65歳男性）

〈高額な墓地は買えないが…〉

自宅の居間に、半年前に亡くなった夫の遺骨の入った陶器の置物を飾った。会社勤めのため、通勤前と帰宅後に手を合わせ、休日には置物を眺めながら夫の在りし日の思い出にひたっている。遺骨の一部は3つのペンダントに分けて入れ、子ども2人とともにいつも持ち歩いている。高額な墓地は買えないが、これなら夫がずっとそばにいてくれるような気がする。（枚方市　37歳女性）

〈子どもを抱え未亡人となった女性〉

小学校1年生と保育園児の男の子2人を遺して夫が交通事故で亡くなった。一周忌を過ぎ、子どもたちとも話し合ってパートに出る決心をした。以前「お仏壇のある家庭からは非行少年が出にくい」と聞かされたことを思い出し、子どもたちにいつまでも父親を覚えていてもらいたいと、手元供養品を購入。喉仏を納骨容器に納め、あとは寺に納骨した。（大阪市　30代女性）

〈孫を亡くした老夫婦〉

幼稚園に通っていた孫を突然の事故で亡くし、悲嘆に暮れていたとき、新聞記事で手元供養品を知った。孫にそっくりの地蔵さんに、骨上げのとき手の中に少し残して

おいたお骨を入れて身近に置いている。（京都市　老夫婦）

〈3男の母の供養〉

96歳で亡くなった母のお墓への納骨日が近づくにつれ、お墓も仏壇も持たない3男の私も、そのお骨の一部を身近に持って供養していきたいと思うようになっていました。そんなとき朝日新聞の「メモリアル清水焼の位牌」の記事が目に留まり、早速カタログ郵送を要請しました。つづけてお骨の一部を私にもと兄に頼みました。期待どおりのもので喜んでいます。地蔵さんは毎日座っている机の上の本箱に母の写真とともに置いて、母を身近に感じながら、その恩を思いつづけていきたいと思っています。この碑なら3人いる子どもたちも負担感なく引き継いでくれるでしょう。（神戸市　68歳男性）

〈水子供養〉

結婚して3年目。待望の赤ちゃんが流産で滅入っていたとき、「おもいで碑」のことを知り合いから聞いて赤地蔵を購入しました。朝夕、軽く手を合わせるだけなのに、なぜか穏やかな気持ちになります。（東京都　30代女性）

〈愛猫の遺骨をペンダントに納めて〉

21年間一緒に生きてきた愛猫の死は、耐え難いほどの悲しさだった。大切でかわいい、我が子同様の存在だったのだ。空虚感と疲労感、不眠がひどく、家にいるときは遺骨の前から離れられなかった。そんなある日、手元供養品を知り、ペンダント（かぐや姫）を購入。愛猫の遺骨と毛を納め、毎日身に着けて、寂しくなったときは握りしめて過ごすうち、しだいに気持ちも落ち着いてきた。（東京都　年齢不詳女性）

おもいで碑のショートメッセージの例

地蔵さんや写真オブジェなど、納骨型の手元供養品の裏面には、故人への短いメッセージを記すことができます。メッセージの文面を考える時間は、故人ともう一度向き合い、思いを深める大切なひとときです。

短い文の中に書き手の思いが凝縮された、実際のメッセージの中から一部をご紹介します。手元供養品は、従来のお墓やお位牌とは異なり、遺された人それぞれの「素な心」からの感謝や、静かに偲ぶ気持ちの対象となっていることがおわかりいただけると思います。


〈幼い子どもへ〉

「○○くん　生まれてくれてありがとう。ずっと一緒にいるよ」

「かわいい○○ちゃん　愛しい○○ちゃん　よくがんばったね　本当にありがとう」

「○○ちゃん　いつまでも　心の中に」

「最高の笑顔と愛を一杯もらいました　これからは自由に飛び回ってください」


〈両親へ〉

「追憶母上様　限りない愛情ありがとうございます」

「貴女の娘に生まれてきてよかった。ありがとう」

「父さん、母さんを　見守っていて下さい　よろしくね」

「今まで本当に有り難う。天国で2人仲良くね」

「ありがとうお父さん　明るい笑顔で1日1日を過ごしていきます」

「私達を見守ってください　大好きな釣りをゆっくり楽しんでね」


〈夫へ〉

「お父さんありがとう」

「この苦しみは　あの幸福の一部」

「パパありがとう　安らかにお眠りください」

「思い出ありがとう　私たちを見守っていてください」

「あなたがここにいるから　みんなしあわせ」

「出逢えたことに感謝　私達の大切な2つの宝　大事に育てます」

〈妻へ〉

「35年間ありがとう」

「かあちゃん　今までありがとう」

「いつも笑顔で100点満点!!」

「○○へ　みんなを見守っていてください」

「出逢えたことに感謝　44年間ありがとう」

「新しい道へ旅立つ　おだやかな旅路であれ」

コラム　**位牌の歴史**

位牌の起源は、故人の姓名を小さな板に記して祀った中国・儒教の習わしにあるといわれています。それが日本に仏教とともに伝えられ、死者の「霊魂」を信じ、先祖の霊魂を供養するという、日本の民俗的な宗教意識の影響を受けて、現在のようなカタチになったとされます。じつは、仏教発祥の地であるインドに位牌はありません。霊魂にとらわれ執着することを否定する「仏陀の教え」とは相いれないことから、浄土真宗では「位牌」ではなく「過去帳」を用います。

コラム　**戒名（法名・法号）の歴史と、処し方についての一考**

戒名の起源は、本名以外の名を名乗る習慣のあった中国で、仏教に帰依して出家した者が僧侶として戒律を守ることを誓約するのと同時に、釈迦の弟子になった証《あかし》として、それまでの俗名を捨て、師から授けられた新しい名前を字《あざな》の代わりに使用するようになったことに始まるといわれています。

日本には、6世紀に朝鮮半島から中国仏教と同時に戒名の風習も伝わりました。749年に仏教の熱心な信者だった聖武天皇が出家した際は行基から「勝満」という戒名を授かっています。平安時代に摂政として絶大な権勢をふるった藤原道長も後に出家しましたが、戒名は簡素な「行覚」の二文字でした。

戒名に庶民のお布施が絡んでくるのは、源平合戦で焼失した東大寺大仏殿再建のための勧進職を命じられた僧・重源が、再建資金を捻出する方策として、寄進した在家信者に、従来は出家信者にしか授けなかった戒名を授けるとしたのが始まりです。戒名はあくまで生前に授けられるものでした。

ところが室町時代に入ると、曹洞宗の僧侶が亡僧喪儀法から着想を得て、「没《ぼつ》後作僧《ごさそう》」と呼ばれる、死して後に戒名を贈る妙案を考え出しました。これが江戸時代に入ってから一般化したのです。

故人の極楽往生を願う遺族にとっても、寺院維持のための安定収入が得られる寺院にとっても好都合であったことから、「没後作僧」は現代まで続いています。

昨今、菩提寺を持たない都市住民が増え、日ごろのお寺とのつながりは薄くなってきています。葬儀で初めて会った僧侶から高額な戒名料を請求された、菩提寺の住職にお金のことばかり言われたなど、戒名料に対して不信感を抱く人も多いようです。しかし、最初から葬式仏教と決め付け、信仰心もなく、僧侶に対する不信感だけを声高に叫ぶ人の側にも問題はあるのではないでしょうか？　戒名の意味を深く考えることをせず、しきたりや形式、世間体だけから戒名を授かっていないでしょうか？　戒名に意味を見出せないのなら、つけなければいいのです。私が知っている中には、人生で困ったときの処し方や、生き方について貴重な示唆を授けてくれる僧侶も大勢います。菩提寺を持たない人は、良い僧侶を探し出して縁をいただき、生前戒名の相談をしてみてはどうでしょうか？

そもそも高い位の戒名をお金を出して買うという風潮は、高度成長期以降のものです。仏教信心による心の安寧につながる戒名について、あらためて考えてみたいものです。

第4章

注目される新しい葬送

注目を集める新しい納骨のカタチ

急速に進む少子化、結婚しない女性の増加など、ここ20年ほどの社会の変化に伴って、人々のお墓に対する考え方も従来とは違うものになってきています。

継承を前提とする家墓に入れない（入りたくない）がどうしよう、高いお金をかけてお墓を建てても、次の代で無縁墓になるのならやめておこうか…などと考える人が増えているのです。

そうしたなかで最近注目を集めているのが、一代限りの墓（永代供養墓・合葬墓）や、自然に還る「散骨」「樹木葬」など、従来のお墓とは異なる葬法（納骨のカタチ）です。あまり知られていませんが、古くからある「本山納骨」もその一つといえます。

この章では、それぞれの内容・手続き・費用などについて詳しく紹介しましょう。

永代供養墓（合葬墓）

永代供養墓とは

戦前までの日本のお墓は、代々の継承者が寺に管理料を納め、永代にわたって使用するシステムでした。ところが戦後、核家族化や少子化の進展とともに、子どもがいなかったり、いても女の子だけ、あるいは生涯結婚しない人も増えて、後継者がいることを前提とする従来のお墓のシステムが実情に合わなくなってきたのです。

そこで、お墓を支える母体を従来の家族からお寺へ移した、「継承を前提としない墓」が登場しました。その第一号が1985年にできた、比叡山延暦寺の「久遠墓地」です。

その後、この動きは一般の檀家寺へ広まり、家族や血縁を超えて入る一代限りの新たな形態のお墓が全国各地に相次いで建設されるようになりました。お寺が存続する限り永代にわたって守るという意味から、こうしたお墓を「永代供養墓」と呼んでいます。

公営墓地の場合は、「永代供養」という宗教用語ではなく、「合葬」という言葉を使っています。１９９２年に神奈川県横浜市が日野公園墓地内に作った「合葬式納骨堂」や、１９９８年に東京都小平《こだいら》市の小平霊園に作られた「合葬式墓地」がその例です。これらはいずれも高い人気を呼びました。

永代供養墓はここ10年ほどの間に急速に数が増え、２００５年現在で４００を超えるまでになっています。

永代供養墓には、最初から血縁を超えた遺骨を合祀（合葬）するタイプと、一定期間家族や個人で墓地や納骨壇を使用し、その後合祀（合葬）するタイプがあります。

どんなメリットがあるか

①管理・維持はお寺や霊園管理者が行なうため、一般のお墓と異なり、管理などの手間・面倒がない。

②管理者が存続する限り、責任をもって永代にわたって供養をしてもらえるので無縁になる心配がない。
③共同利用のため、一人当たりの土地面積は小さくなるが、その分墓石代が安くなるなど、一般のお墓と比べ費用が少なくてすむ。
④初めに一式料金を一括で払えば、その後お寺や墓地管理者から管理費・お布施・寄付金などを求められることはない。
⑤現在の宗旨宗派は問わないところが多く、他宗派でも受け入れてもらえる。
⑥納骨されている遺骨が多いほど、お参りする遺族が多くなり寂しくない。

どんなタイプがあるか

①納骨堂タイプ

一定期間（お寺によって25・33回忌～50回忌までいろいろ）、納骨堂あるいは棚に骨壺のまま安置した後、遺骨を骨壺から出して一カ所にまとめ、土に還すのが一般的です。

②合祀型お墓タイプ

仏像・仏塔・碑などを建立し、地下に合葬用の納骨室を設けるタイプです。最初から遺骨を骨壺から出して一ヵ所にまとめ、土に還します。遺骨の返還は不可。

納骨後にお寺が行なう供養の内容は

永代供養料が安い場合に多いのが、毎年春彼岸、お盆、秋彼岸に合同供養を行なうパターンです。これ以外に特別に法要をお願いする場合は、その都度お布施が必要になります。

そのほか、お寺によってまちまちですが、年に1回供養、毎月供養、毎年祥月命日供養、回忌供養のみなどがあります。

選定から納骨までの手順(お寺の場合)

葬儀・火葬を済ませ、お骨を自宅保管している状態が前提です。

①永代供養寺を決める。

〈選択のポイント〉

・お寺の永続性および住職の人柄（事前に足を運び確認しましょう）
・お参りの交通利便性
・お寺や納骨堂・慰霊塔の善し悪し
・永代供養・納骨料の内容と値段の比較（納骨料、納骨時読経、永代供養料、管理費の有無、檀家義務の有無等）

②お寺と相談の上、納骨日を決める。併せてお布施の納め方などを話し合う。
③納骨日前に、お骨の一部を分骨する。
※合祀型永代供養墓では、一度納骨するとお骨は返還されません。「手元供養」を希望する場合は一部を分骨しておく必要があります。
④納骨日当日は、お骨、火葬証明書、認め印、お布施（当日支払いの場合）を用意する。
※火葬証明書は通常、火葬のあと骨壺の中に納められています。
⑤納骨の儀式は、本堂で読経ののち、納骨堂や合祀型永代供養墓に納骨、墓前で改めて納骨読経をして完了という手順が一般的です。

納骨・永代供養料はお寺によって非常に幅があります。納骨堂タイプでは1霊50万円程度というのが一般的ですが、お寺の寺格や方針、所在地によっては１００万円を超えるところもあります。合祀型お墓タイプでは1霊20万〜30万円程度が多いようです。では実際に永代供養を行なっている寺院・霊園をいくつか紹介します。

一般的な永代供養墓

●**妙泉寺（日蓮宗）**

所在地　東京都江戸川区谷河内１−６−１２　電話０３−３６７９−４９２４

交通　都営新宿線篠崎駅から徒歩15分

使用資格　仏教の宗旨宗派を問わず。生前申し込み、遺骨申し込み共に可。

費用　①個別納骨壇　1体38万円・合同納骨壇1体25万円。永代供養料・管理料・納骨料、名前プレート刻字料、過去帳記載料一式含む。

※25年間骨壺を安置、以降合祀永代供養。

②合祀永代供養　1体8万円。永代供養料・納骨料、納骨者名前プレート刻字料、過去帳記載料一式含む。年間維持管理費なし。
※毎日読経を行ない、永代にわたり供養。毎年8月17日にお盆合同法要。
特色　寛永11年（1634）の開基。5体まで安置できる家族用の納骨壇もある。住職の人柄もあって人気が高く、現在、納骨壇の増築計画あり。

●龍善寺（真宗大谷派）
所在地　東京都新宿区早稲田町77　電話03－3209－4709
交通　東京メトロ東西線早稲田駅から徒歩1分
使用資格　後継者の有無、仏教の宗派を問わず、無宗教の人も可。生前申し込み、遺骨申し込み共に可。
費用　①預かり型　1基33万円・夫婦48万円。永代供養料・使用料・納骨料一式含む。戒名・法名のプレート記載は費用別、年間維持管理費1基5000円。
※最長33回忌まで永代供養墓内に骨壺を安置し以降合葬。

②合葬永代供養　1基28万円・夫婦40万円。永代供養料・使用料・納骨料一式含む。ネームプレート刻字可（費用別）、年間維持管理費なし。
※日々のお勤めのほか、毎年5月4日に「永代経」を行なう。永代経とは代々の有縁無縁すべての方の供養とともに、先祖から受け継いだお念仏やその教えを子や孫に伝えていく行事。

特色　江戸期初期の創建。本尊阿弥陀如来立像は鎌倉時代の作。

●南春寺（浄土真宗大谷派）

所在地　東京都新宿区弁天町１０３　電話０３－３２６８－５０２５

交通　都営地下鉄大江戸線牛込柳町駅、東京メトロ東西線早稲田駅からいずれも徒歩７分

使用資格　仏教の宗旨宗派を問わず。生前申し込み、遺骨申し込み共に可。

費用　①個別納骨壇　1体25万円・２体40万円。永代供養料・維持管理料・納骨料、過去帳記載料一式含む。

※3寸壺（3回忌までは7寸壺のまま）で33回忌まで安置し、以降合祀永代供養。

②合祀永代供養　1体15万円。永代供養料・納骨料、維持管理費、過去帳記載料一式含む。

③ご遺骨の一時預かり　1体年間5万円

※元旦、春秋のお彼岸、お盆、報恩講の年4回、合同供養を行なう。

特色　寛永6年（1629）に四谷伊賀町（現在の新宿区三栄町）に創立、その後早稲田町に移転、明治元年（1868）現在地に堂を構える。他で授与された法名・戒名・法号、あるいは俗名でも受け付け可。

●西光寺（曹洞宗）

所在地　神奈川県川崎市麻生区黒川70　電話044-988-6351

交通　小田急多摩線黒川駅から徒歩3分

使用資格　在来仏教であれば不問。国籍不問。生前申し込み、遺骨申し込み共に可。

費用　「光寿陵苑」（個別納骨壇）　1体35万円。永代供養料・使用料・管理料・納骨

妙泉寺。いつも花でいっぱいの永代供養墓

広い境内地を持つ妙泉寺

龍善寺。現代的な造形の永代供養墓

南春寺。阿弥陀立像の永代供養墓

坂の上に建つ南春寺本堂

料、過去帳記載料一式含む。墓誌彫刻料（希望者）・納骨時法要布施は別途必要。
※33回忌まで骨壺で安置し、以降合葬永代供養。春秋のお彼岸、お盆に法要を行なう。
特色　納骨堂の上部に釈迦如来を配した永代供養墓。やさしくてがんばりやの住職。

●圓通寺（真言宗）

所在地　埼玉県比企郡川島町畑中761　電話049－297－6005
交通　JR高崎線桶川駅、東武東上線川越駅、西武新宿線本川越駅からバス利用、牛ケ谷戸下車、徒歩15分。圏央道川島IC（仮称）から5分
使用資格　後継者の有無、仏教の宗派を問わず。生前申し込み、遺骨申し込み共に可。
費用　①合同墓　1霊30万円・2霊50万円。永代供養料・永代使用料・戒名刻字料一式含む。管理料・入壇料・寄付など一切なし。
※戒名は当寺からの授与を原則とする（普通戒名の場合、目安10万円）が、当寺の戒名を受けられない場合は納骨料に別途10万円が加算される。
※遺骨14霊が収納できるカロートがあり、その上の墓誌にそれぞれの戒名・俗名・

没年月日・行年が刻字される。

②合祠墓　1霊30万円。永代供養料・永代使用料・俗名刻字料一式含む。

※宗教宗派を問わず。俗名で納骨できる。遺骨は骨壺のまま3回忌まで安置し、以降合祀。

特色　緑豊かな田園の中に建つ、300有余年の歴史を誇る隠れた名刹。本堂の本尊はじめ仏像、仏具、経典、仏画、曼荼羅は必見。

●妙光寺（日蓮宗）

所在地　新潟県新潟市西蒲区角田浜1056　電話0256-77-2025

交通　JR越後線越後曽根駅からタクシー15分。北陸高速道路巻潟東ICから約25分

費用　1区画85万円（複数体の納骨可）、墓碑の文字刻み料（希望した時点で）実費3万~4万円、年会費（通信事務費に充当）3500円。墓碑板等すべて用意されており、この他の費用は一切不要。

内容「杜の安穏」と呼ばれる、直径2mの八角形をした8区画の集合墓が散在。同

圓通寺の合祀墓（五輪の塔）

圓通寺の合同墓は14霊が納まる新しいタイプの共同墓

多摩丘陵にある永代
供養寺・西光寺の本堂

八角形をした妙光寺の
永代供養墓「杜の安穏」

日本の永代供養墓の草分け、妙光寺の「安穏廟」

じ区画内に血縁を超えて複数の納骨ができる。

特色　鎌倉時代末期の正和2年（1313）に日蓮聖人ゆかりの霊地として日印上人が創建。旧長岡藩主牧野忠成公はじめ多くの檀信徒の信仰を集め、今日まで歴代住職53代の法灯が継承されている名刹。日本の永代供養墓の草分け的存在で、平成元年（1989）に家族・血縁による跡継ぎを必要としない「安穏廟」を開設したところ、血縁にとどまることなく同じ地に眠ることを選んだ者同士が共に供養しあう共同性が広く共感を呼び、「安穏廟」は12年で満杯になった。現在は「杜の安穏」を受け付け中。毎年夏に「フェスティバル安穏」と称して、合同供養、生老病死を語るシンポジウム、交流会等新たな結縁を結ぶ場を設け、さらに国内外の災害地へ義援金を送るなどの活動も活発で、これらは基金の運用益（公開）と寄付、多数のボランティアによって支えられている。

生前個人墓（永代供養墓）

永代供養墓のバリエーションの一つとして最近注目されているのが、生前に契約を済ませる生前個人墓です。費用は一括で、墓碑・戒名・納骨式・納骨堂使用・永代供養・管理費一式が含まれています。納骨後33年間は骨壺で個別に保管され、その後合祀されます。

契約すると、自動的にお寺の運営する会の会員に登録され、さまざまな趣味のサークルやセミナー、お寺の行事に参加できます。血縁を超えた会員同士の新たな交流が生まれ、余生を共に楽しめるところが魅力です。

●**東長寺**（曹洞宗）
所在地　東京都新宿区四谷4－34　電話0120－335－850
交通　東京メトロ丸ノ内線四谷三丁目駅または都営地下鉄新宿線曙橋駅から徒歩7〜8分

費用　1人80万円。

内容　生前個人墓は縁の会墓苑「水《みず》の苑《にわ》」、契約と同時に入る会は「縁の会」と呼ばれる。毎月1日に一日法要が開かれ、会員は座禅や写経、仏教文化講座に参加できる。また、コーラスや蕎麦打ち道場などサークルもあり、会員同士の交流が活発。

●大蓮寺（浄土宗）

所在地　大阪市天王寺区下寺町1－1－30　電話06－6771－0739

交通　地下鉄堺筋線・近鉄日本橋駅または地下鉄谷町線谷町9丁目駅から徒歩7～8分

費用　1人88万円。

内容　生前故人墓は「自然《じねん》」と呼ばれる。契約と同時に入る「蓮華の会」では、年中行事として年3回、「春彼岸会」「秋彼岸会」「盂蘭盆《うらぼん》・自然の集い」の合同供養会が開かれる。法話が受けられ、会報が送られてくるほか、エンディングサポートの相談も可。塔頭の應典院で行なわれる文化イベント、地域医療や福祉の講演会や交流会に参加できる。契約者が亡くなると納骨法要を営み「自然」の納骨廟に納骨。

伝統と現代の造形がみごとに融合した、大蓮寺の永代供養墓「自然《じねん》」

大阪の庶民寺、一心寺の骨仏

33回忌以降は会員の総菩提として供養が続く。

特色 天文19年（1550）、時の将軍足利義晴の三男・晴誉上人によって、足利家の大坂祈願所として創建され、近世には徳川家の祈願所となり、浄土宗別格寺院としての威容を誇ったなにわの名刹。

お骨仏《こつぼとけ》寺（一心寺）

大阪市天王寺区にある一心寺は、納骨された遺骨でできた「骨仏」の阿弥陀如来を祀る、日本で唯一のお寺です。10年ごとに遺骨をまとめて粉末にし、ふのりを混ぜて造るのですが、納骨堂に安置されたこの骨仏に手を合わせる縁者の訪れが引きも切りません。それもそもはず、費用の安さも手伝って、全骨・分骨合わせて年間1万5000～2万体の遺骨が納骨されるそうです。例えば2003年の大阪市の死亡者総数が2万3000人であることを考えると、これは尋常な数字ではありません。

●一心寺（浄土宗）

所在地　大阪市天王寺区逢阪2－8－69　電話06－6771－0444

交通　JR関西本線・地下鉄谷町線天王寺駅または地下鉄堺筋線恵美須町駅から徒歩7～8分

費用　1霊（全骨）1万5000円・2万円・3万円から各自で決める。

内容　明治20年（1887）に江戸末期から納骨された約5万体のお骨を集めて「お骨仏」を造立。以来10年目ごとに1体ずつ、現在までに13体が造られている。戦後の7体は納骨堂に安置。年間を通して「せがき」法要が行なわれる。

※永代祠堂（供養）を申し込めば33年間、毎年1回はがきで命日の回向案内が届き、はがき持参で本堂において回向してもらえる。費用は1霊10万円以上で各自で決める。

特色　文治元年（1185）法然上人を開基とする名刹。一年中参詣者の絶えない、賑わいのある大阪の庶民寺。

公営の合葬墓

東京や横浜、札幌、大阪など大都市にある公営霊園では、合葬墓地を新設するところが増えています。生前に申し込めるところも多いのですが、遺骨をすでに持っている人向けの枠に比べると募集は少なく、その分倍率が高くなる傾向にあります。霊園によって違いはありますが、20～30年間は骨壺納骨で、その後、別の場所に合葬されるというのが一般的です。

●**横浜市営霊園「メモリアルグリーン」**

所在地　神奈川県横浜市戸塚区俣野町　問い合わせ＝横浜市健康安全部環境施設課新墓園整備担当　電話０４５－６７１－２４５０

交通　ＪＲ戸塚駅から神奈川中央交通バスドリームランド行きまたはドリームハイツ行きでドリームランド下車、徒歩３分

費用　①合葬式慰霊碑型　１体９万円（30年間の使用料＋管理費）。

横浜市営霊園「メモリアルグリーン」の樹木型合葬墓（手前は芝生墓地）

※地下の納骨施設に設けた棚に骨壺を収蔵する。納骨は原則として管理者が行ない、遺族は地上に設置された慰霊碑の手前の献花台で参拝する。

②合葬式樹木型　1体20万円（永年使用料＋管理費）。

※利用は個人単位。ヒメシャラ・ケヤキ・クスノキの3本のシンボルツリーのほか低木、芝、花などで覆われたマウンド状の区画に直接骨壺を埋める。埋蔵者の氏名を一括して記載したプレート等を設置。

散骨

散骨の歴史

一般的に散骨は樹木葬とともに「自然葬」と呼ばれています。火葬された遺骨を自然の中に還すところからそう呼ばれるようになったようです。

欧米では、火葬された遺骨は原形を留めない遺灰にして家族の元に返されます。そのためかフリードリッヒ・エンゲルス（哲学者）、アインシュタイン（物理学者）、マリア・カラス（ソプラノ歌手）、ライシャワー（元駐日アメリカ大使）など多くの著名人も散骨を希望、遺灰は川や海に撒かれました。世界的に見ても、散骨はすでに一つの葬法として確立しています。

日本での散骨の歴史を振り返ってみると、『続日本記』の中に承和7年（840）5月、淳和天皇が「骨を砕いて粉となし、これを山中に散ずべし」と遺言し実施されたとあります。万葉集の挽歌にも散骨を詠んだ歌が登場します。

薪《まき》をたくさん使う高価な火葬ができなかった庶民の葬送は、江戸時代中期まで野捨て（自然葬）が一般的でしたが、江戸時代の寺壇制度に端を発する墓の定着とともに衰退してゆきました。さらに、1884年（明治17）に制定された「墓地及埋葬取締規則」以降、墓地以外では遺骨・遺体を埋葬・埋蔵できなくなり、自然葬（散骨）はだめという解釈が一般化したようです。

新たに始まった日本の散骨（自然葬）の歴史は浅く、まだ16年ほどです。1991年に散骨は違法ではないと認められるまで、焼骨の埋蔵は「墓地」以外では行なってはならないとされていました。海が好きだった石原裕次郎も海洋散骨を希望したのですが、当時は認められませんでした。

1991年、自然保護からスタートした「葬送の自由をすすめる会」が、厚生省所管「墓地埋蔵等に関する法律」について、遺骨を撒く行為は「埋葬」「埋蔵」いずれにも該当しない、また、遺骨を遺棄することを目的とせず、葬送行為として節度をもって行なわれる限り「散骨」は刑法190条「遺骨遺棄罪」に抵触しない、との法務省の公式見解を引き出したことで、散骨は葬法として認められるようになりました。つまり、現在の日本の法律では散骨は合法というより〝想定していない〟〝違法ではない〟葬法と位置づけられているのです。

散骨を望む人が増えている

死んだら自然に還りたいという自然志向派の人、墓の継承が難しい人、暗く狭いお墓を嫌う人、無宗教の人、それに経済的な理由も手伝って、散骨を希望する人は毎年数を増やしています。国民の意識調査（代表研究者・鈴木岩弓氏「死者と追悼をめぐる意識変化—葬送と墓についての総合的研究」に基づく、2003年調査）でも、散骨を葬法として「認めるべき」と「本人の希望があれば認めてもよい」を合わせると賛成・容認派が78・3％に達しています。葬送研究者も、将来、散骨実施者は死亡者総数の15％くらいまでにはなるだろうと予想しています。

しかし、故人の希望どおり遺族が散骨を行なおうとすると、従来の価値観から抜けだせない親族などに反対され断念するというケースもまだまだ多いようです。今後、散骨を想定した法律の整備が進み、人々の認識も深まって、広く国民の葬法の一つとして確立し普及することを望みたいものです。

散骨サービスを行なう専門業者が増えてくるとともに、散骨場所も最も人気のある海洋のほか、山や海外にまで広がっています。また、散骨は今のところ、これを規定した法律も、提出を求められる書類や手続きも必要ではないため、私的に実施することもできます。

ここでは、ＮＰＯ法人「葬送の自由をすすめる会」で行なっている「自然葬」、最も一般的な散骨業者による「海洋散骨」、そして「自分で散骨」の３つについて、実施の手順、具体的な内容、実際に行なった人の声などをご紹介します。

「葬送の自由をすすめる会」で行なう「自然葬」

ＮＰＯ法人「葬送の自由をすすめる会」は、１９９１年10月、神奈川県相模灘において日本第１号の自然葬を実施しました。その後約16年間で、個人葬・合同葬合わせて１１９６回、２０６１人の自然葬を実施しています（２００７年５月１日現在）。場所は、海が約８割、会が所有または借り受けている「再生の森」が２割となっています。

●葬送の自由をすすめる会

所在地　本部＝東京都文京区後楽２－２－15　早川ビル　電話０３－５６８４－２６７１（全国に12の支部がある）

入会手続　入会申込書に必要事項を記入のうえ郵送。年会費３０００円を郵便振替で払い込む。入金確認後、折り返し領収書と会員証、会誌が送られてくる。

契約内容　・本人契約を結ぶ場合（生前契約）　本人用自然葬申込書の申請（契約書見本を参考に実施時期、連絡責任者、個人葬か合同葬かなどを記入）、予納金（個人葬23万円、合同葬５万円）、自然葬基金３万円以上、書類作成費用２０００円の合計額を振り込む。事務局で入金確認後、契約書に捺印して１部を申込人に郵送。

実施手順　契約書に基づき、連絡責任者は事務局に本人の死亡を連絡。事務局の担当者と日取りなどを相談のうえ自然葬を実施、「自然葬実施証明書」を受け取る。後日、実費精算して予納金の残額が精算責任者に返金される。
※本人契約を結んでいない場合（遺族契約）遺族の一人が会員になり、故人の遺志を尊重しながら本人契約と同様の手順で遺族用契約書を作成。その際、故人の戸籍（除籍）謄本と火葬許可証が必要になる。実施手順・精算などは本人契約と同様。

海洋散骨（民間散骨サービス）

現在国内で散骨サービスを実施している業者は約20社あります。各社とも委託・合同・チャーターと3種類の海洋散骨を実施しています。費用も同程度です。

各社とも独自の乗船場と散骨エリアを持っていますから、散骨希望地に近い会社を選ぶのが賢明ですが、会社によっては、散骨希望地に合わせて全国・海外への出張サービスを実施しているところもあります。船長はじめスタッフの人柄もまた選択の重要なポイントになるでしょう。ここでは三浦半島を拠点に海洋散骨の実績を多く持つ

㈲「風」を例にとって、民間散骨サービスの内容を紹介します。

散骨に対しては法律の規制はなく、特別の許可や届出は必要ありませんが、業者に依頼する場合は埋葬許可書が必要です。親族の同意書を求められるケースもあります。

なお、散骨希望者の80％以上は、遺骨の一部を残して持ち帰り、日々の供養の対象としているようです。全骨散骨すると、後で後悔する場合も多いようです。十分に考えて決めましょう。

●㈲「風」
所在地　神奈川県横須賀市池上7－13－1－207　電話0120－040－352
料金　・個人散骨（小型船）9名以下、浦賀から往復1時間以内、26万2500円。
・個人散骨（中型船）19名以下、相模湾往復1時間半以内、36万7500円。
・合同散骨　1柱につき2名参加（3名以上は追加料金）、10万5000円。
・委託散骨　立ち合い人なしの代行散骨、5万7750円。
※料金には次の項目が含まれる。遺骨の粉末化・用船料・献花（花びらのみ遺骨と

1 粉末にした遺骨を海上に撒く。撒いた位置は海図（散骨証明書）で確認できる
2 船上でのお別れのひととき
3 献花。花びらを遺骨とともに撒く
※いずれも「風」の海洋散骨風景

ともに海上に撒く)、献酒(酒、ビール、ワインなど)、音楽・BGM(あらかじめ選曲。希望に添えない場合もある)、散骨実施証明書の発行・写真撮影。ホテル・旅館の料理代及び使用料、参加者の現地までの交通費、宗教家へのお礼・交通費は含まれない。

サービス内容 ・遺骨の粉末化(遺族が行なっても可。ただし料金は変わらない)

・遺骨の全部または一部を海に散骨

・散骨した位置を正確にポイントした海図(散骨証明書)を作成

※式次第に、故人の遺志、遺族・友人の希望を反映できる。

留意点 ・漁場、海上交通の要所には散骨できない

・宗教家が参加する場合は右記の人数に含む

コラム **海洋散骨を選んだ人たち**

「風」に届いた遺族の手紙と、スタッフの記録をご紹介します。

●2005年8月14日に個人散骨を行なったAさんからの手紙

前略、この度の散骨に際しましては、いろいろと御配慮と御心配をおかけしまして、ありがとうございました。体の方も一時的なつかれでしたので、今は元気にすごしております。京都のほうからも地蔵碑（分骨容器）が届き、御社からも写真、海洋葬証明書等、早速ご送付頂き、ありがとうございました。

一緒になって54年、青森から高知まで一度も別居生活することもなく、子供たちが独立してからは二人だけの生活をし、最後は我が家で私の介護を受け乍ら、苦しむこともなく静かに逝きましたので、先に見送って上げられた事への安心で、今は寂しさも感じず肩のかるくなった様な思いです。

散骨してよかったという思い、分骨して何時も身近で見守ってくれている安心感、毎朝の対話に一人暮らしの不安は感じません。

いずれ私も海洋散骨を…と希っておりますので、そのときはまた、お世話になるかと思います。近くの知人も内容を知ることができ安心したとの事でした。お世話になり、ありがとうございました。

●2006年12月5日に個人散骨を行なったIさんからの手紙

前略、今回は色々とありがとうございました。

あの後、何人かの人達に報告した際にも伝えたのですが、海への散骨というものは、考えていた以上に、素晴らしいものであると感じました。

これ以上は望めない程の晴天と、船長御夫妻のお人柄もあるのだとは思いますが、一言で表現するとすれば、「解放（RELEASE）」と言う言葉です。深く澄んだ青の中に、粉状の遺骨が沈み散った時、妻は苦しさから一気に解き放され、自然の中へ帰っていった。あるいは、新しい命を得たと心から感じました。

I家の墓は、浅草の小さな寺にある為、とてもせせこましいものです。あの中に、会ったこともない人達とともに閉じ込められることから比べると、なんと、自由で大らかなことか…！　実現してもらえるかどうかはわかりませんが、私も海への散骨を希望しておきます。

　他の業者さんの事はわかりませんが、船がクルーザー・ヨットであることも、悲しさを中和し、純粋な想いのみに浸れる要因かもしれません。

いずれにせよ、色々いう人もいないではありませんでしたが、妻の遺志どおり、海への散骨という形をとって、更に、彼女との絆が深まった気がしました。

　これから会う人々に、海への散骨の素晴らしさを伝えたいと思います。ありがとうございました。

●合同・委託散骨を担当したスタッフの記録（2005年8月7日）
　今年は、18日が海の日で、3連休の最後の日となった。そして、この日は、7月の合同散骨の日となり、7柱＋十数柱を海にお還しした。

　その十数柱とは、相模原の建設予定地から発掘された江戸時代の頃のご遺骨である。所有者が、発見されたご遺骨を火葬し直し、埋葬しようとしたところ、数件のお寺から断られ、散骨に至ったのである。不思議な巡り合わせで、うちに来たご遺骨を見て思う。その骨が、どこかで自分の先祖と繋がっていたかも知れない。そしてその先祖があって、今の自分が存在するのだと。

3組の合同の方の一人、Wさんは、56年前に23歳で亡くなったお姉さまのご遺骨。大陸から引き揚げて来たとき、そのお姉さんがいたから、帰って来れたという。いろいろあって、時間が経ってしまったが、ちゃんと供養したいと、手のひらに載ってしまうくらい少なくなってしまったご遺灰を海に還された。

お父様を亡くされたTさんは、ご自分でご遺骨を細かくされ、それは手作業とは思えぬ細かさ、きれいさだった。きっと思いをそこに込められたに違いない。

そして、奥様を亡くされたOさん。それは、本当に突然の宣告だったに違いない。病院で診察を受けて、亡くなったのは2週間後だった。膵臓がんだった。奥様の希望でも、まだその死が受け入れ難く、最初は散骨にためらいがあったようだ。

自分で行なう散骨

かけがえのない故人を偲び、思い出の地に、誰にも邪魔されず家族の手で、と考える人は多くいますが、では、具体的にどうやって？　ということになると一般にはあまり知られていません。

ここでは、「自分で行なう散骨」の具体的な手順と、散骨の際の留意点について整理してみましょう。

まず前提として、あなたが誰かの遺骨の「散骨」を行なうに当たっては、基本的に誰にも許可を得る必要はありません。火葬後の骨を細かくして「自然葬＝散骨」にするという葬儀方法は、故人本人がそれを望んでいた遺志と、その遺族の同意があれば、誰でも「個人の手で行なえるもの」です。ただし、あくまで葬送行為として節度をもって行なう必要があります。

散骨までの流れ

ステップ①　事前の合意

あとでもめないよう、普段のお付き合いにもよりますが、事前に故人の家族・親族の合意を得ておくことが大切です。

ステップ②　散骨場所の選定

生前に、どこの土地（海）に撒いて欲しいと言っていたかなど、故人の希望地がはっきりしていることがベスト。

ステップ③　砕骨作業の手順

・クッションの上にレンガや、大きめの平たい石を置き、その上に骨を入れた厚手の袋を置いて布の上から金槌で丁寧に叩きます。

・中身を出してふるいにかけ、ふるいから落ちなかった分をまた袋に戻して、骨の全部を丁寧に砕いてゆきます。これを繰り返します。

・全部がふるい（透き間が2～3㎜程度）を通過するまで繰り返します。

※注意1　故人の健康状態や年齢、治療薬なども関係しますが、火葬された骨は意

外にもろく、手で潰しても粉になってしまうことも多いです。

※注意2　遺骨の量は、収骨方法が地域によってかなり異なるため幅はありますが、体積比でいうと粉砕後は約4分の1～3分の1になります。

※注意3　自分で砕骨ができない場合は、砕骨サービスを行なう会社に依頼できます（巻末の「行動するための各種連絡先」を参照）。遺骨は「ゆうパック」で郵送も可。砕骨サービスの料金は、遺骨の量にもよりますが、海洋散骨用の水溶性袋が付いて1体あたり2万～3万円程度。

ステップ④　散骨の実施

気をつける点は、散骨の行為や痕跡が人目につかないようにすること、私有地では必ず許可を取ることとです。具体的には、喪服を着た遺族が、いかにも「散骨してます」というようにゾロゾロ歩いたり、読経・香をたく・その他目立つような葬送儀式をしないこと。山では民有地は避け、海では人のいないところを探す。養殖場や海水浴場などは避けましょう。

樹木葬

樹木葬とは

古くから日本にあった、死んだら自然の中に還るという葬送の流れを汲んでいるゆえか、「散骨」と同様に「樹木葬」も人気があります。

樹木葬は、1999年、岩手県一関市にある祥雲寺の千坂住職の、美しい里山を後世に残したいという思いから始まりました。墓地として許可された雑木林に墓所を選び、墓石の代わりにヤマツツジなどの花木を植えます。

同じ主旨で樹木葬を行なう寺は、千葉県や山口県にも登場しています。

山への散骨と同じく自然に還る葬法ですが、異なるのは、「墓埋法」に則って墓地域に埋葬するため、散骨のように遺骨を砕骨にする必要がありません。

最近では都市近郊においても、桜をテーマとしたものや、一年中花木の咲く庭を造り「庭園葬」と名付けた樹木葬も出現、いずれも人気を呼んでいます。

樹木葬を選んだ人たちの理由としては、「自然に還ることができる。そして地中深く埋められた自分の骨が墓標替わりの花木の栄養となり、木に生まれ変わり、毎年時期が来ると、美しい花を咲かせてくれるというロマンがある」「継承者がいなくてもいい」「生前の通信費程度の管理費と納骨時の費用だけで済み、子どもたちに負担がかからない」などといった声が寄せられています。なんとも女性受けする葬法です。

ここでは、自然豊かな雑木林を墓域とする「里山型樹木葬」と、都市近郊で従来の霊園や寺院墓地で行なう「都市型樹木葬」の具体的な例を紹介します。

里山型樹木葬

●知勝院（大慈山祥雲寺分院・臨済宗）

所在地　岩手県一関市萩荘字栃倉73－197　電話0191－29－3066

交通　JR東北新幹線・東北本線一関駅から岩手交通バス7分、祥雲寺下車。東北自動車道一関ICから約15分

利用資格　宗教宗派を問わない。

費用　1体50万円、年会費8000円（事務連絡費）。同一墓地に2体目以降を埋蔵するときは1体につき10万円が必要。

使用権　半径1mの円内を墓所として永続的に使用できる。継承者も続けて使用でき、継承者がいない場合も改葬はしない。

墓地域　2万7000㎡（雑木林）

墓標　ヤマツツジ、エゾアジサイ、バイカツツジ、ウメモドキ、ナツハゼ、ガマズミなど、墓地の環境に合った低木類から選ぶ。樹種によっては場所が限定される。

解説　雑木林づくりと墓地を合体させた、散骨ではない新しいカタチの自然葬法のさきがけ。「花に生まれ変わる仏たち」をコンセプトにした樹木葬墓地は、墓石、骨堂などの人工物の設置は一切禁じられている。2007年5月現在、申込者総計1360人、埋骨者570人。現地説明会を月2回、定期的に行なっている。

祥雲寺本堂

自然葬法のさきがけ、祥雲寺の樹木葬墓地

※知勝院では２００６年春から新たな樹木葬地として「奥山型樹木葬」（花巻市大迫町）を始めた。費用は１体20万円。

●天徳寺（曹洞宗）

所在地　千葉県いすみ市大原山田１８８６　電話０４７０－６６－１２５８

交通　ＪＲ外房線大原駅からタクシー13分。京葉道路市原ICから約40分

利用資格　宗教宗派を問わない。

費用　１区画志納金65万円。１区画に何人でも埋葬できる。その他年会費８０００円（事務連絡、境内諸施設使用の費用）。２体目以降は埋葬時に追加志納金として10万円が必要。

使用権　１区画半径１ｍの円内を墓所として33年間使用できる。継承者も続けて使用できる。

墓地域　雑木林

墓標　ツツジやツバキを中心に、環境に合った低木花木40種ほどから選べる。

緑の木々に囲まれた天徳寺の樹木葬墓地

樹木葬の様子（天徳寺）

解説　天徳元年（957）創設、虚空蔵菩薩を祀る古刹。外房の温暖で優しい自然の中に関東初の樹木葬墓地を開設した。樹木葬契約者、天徳寺檀家、住職関係者からの寄付を元に「慈しみ基金」を設け、国内外の困っている子どもたちを支援するとともに、国内外の森林保護団体に寄付している。
※天徳寺では3本の大山桜の下に眠る共同式桜葬も行なっている。宗教宗派は問わず、費用は1体志納金20万円、年会費5000円（桜葬会員費：事務連絡、境内諸施設使用の費用）。

●宝宗寺（曹洞宗）

所在地　山口県萩市福井上　電話0838-52-0521
交通　JR新山口駅からJRバスまたは防長バス萩行きで1時間、東萩下車。東萩から防長バス津和野行き・吉部行きで山崎下車、徒歩7分。萩からタクシーで20分
利用資格　宗教宗派を問わない。
費用　1区画志納金50万円（納骨料、読経料、50年間の供養料、苗木代を含む）。年

宝宗寺本堂

宝宗寺樹木葬の様子

会費８０００円（事務連絡、境内諸施設使用の費用）。１区画に何人でも埋葬できる。２体目以降の埋葬時に追加志納金として10万円が必要。

※多くの骨壺を抱え悩んでいる埋葬者の経済的負担への配慮から、改葬（１８５ページ参照）納骨は何体であっても志納金50万円としている。

使用権　１区画半径１ｍの円内を墓所として50年間使用できる。継承者も続けて使用できる。

墓地域　５０００㎡（里山）

墓標　苗木は、落葉樹の低木、花木、果樹など土地に合うものの中から選ぶ。

解説　山陰の小京都津和野にも近い、自然の豊かなところにある。２００６年現在、40件余りが契約済み、15霊を納骨。

※個人用の桜葬も計画している。区画は半径２ｍ、価格は１００万円を予定。

寄稿コラム

樹木葬は優しい埋葬法

天徳寺　二神住職

先日ご主人を亡くされ、そのお骨とともにナツツバキを植樹された方が、帰り際に「主人のお骨を埋めてしまえばこれで主人との繋がりがすべて切れてしまうと思って、昨日は落ち込んでおりましたが、今日埋骨してみると、まだ主人と繋がっているような気持ちがするというか、ナツツバキとしてこれからは私を見守ってくれるというか、とにかく心が落ち着きました」とおっしゃいました。

樹木葬を選ばれた方の多くがそのような体験をされますし、住職として埋骨に立ち会う私も、墓石への埋骨の重苦しい雰囲気とは違う温かい雰囲気に救われます。

故人の遺志に従い、樹木葬にできたという達成感もさることながら、青空と緑の森に囲まれ、足元のいたるところで野花の咲く大地に遺族全員で穴を掘り、木立を吹き抜ける風を感じ、鳥のさえずりを聞きながらお骨を埋め、土をかけ花木を植えるという行為に、私たちは癒されるのでしょうか。自然にいだかれることで遺族の悲しみは薄れ、花木を介して故人と繋がっているという感覚がもたらされるのでしょうか。

暗い墓石の中に入れられ、厚い石の蓋をされるときのような故人との断絶感を感じないのです。埋葬をなさった別の方の「樹木葬は優しい埋葬ですね」という言葉がすべてを象徴しているようです。自然の癒しの力が見直されてきていますが、そのことを埋骨を通じて実感している今日このごろです。

コラム　**宝宗寺樹木葬を選んだ人たち**

●Kさん夫婦の場合

60代のKさんは、「土の上のものは、すべて土に還る」を死生観としている。Kさん夫婦には子どもがなく、以前から自分が死んだら葬儀は不要、位牌や墓も不要と決めていた。しかし、昨年の初めごろから自分自身の後始末をどうするか。いかに人に迷惑をかけず身を処すことができるか、ということを考えるようになった。自分たちのエンディングを考え、書籍や講演会等にも参加したが、なかなか具体的な対処の方法が決まらないで悶々としていた。そんなとき、新聞で宝宗寺の樹木葬を知り、5月に奥さんと一緒にお寺を訪ね、三上住職の「自然に還る」樹木葬という考え方に共鳴し、さっそく樹木葬墓地の契約をした。今は、後事の憂いをなくすため、遺言を書き、任意後見契約等も結び終え、心穏やかに「土に還る」その日に備えている日々だ。

●Tさん夫婦の場合

都市に暮らすTさん夫婦は「先祖の墓を守ってゆくしんどさはよくわかる。子どもにはさせたくない」と考えている。また、「森の動物たちと同じように自分も死んだら野に還り、何も残らないようになりたい」と、樹木葬を選び生前契約を結んだ。萩がすっかり気に入った夫婦は、スローライフの田舎暮らしの場所をこの萩に決め、自分たちの墓標とすべくライラックを育てている。

●Iさんの場合

子どもがいないIさん。50年の結婚生活を共に送ったご主人を土に還したいと考えた。海や川への散骨ではどこに行ったかわからないので、樹木葬を選んだ。これだと継承問題もなく、住職もいるので安心。生前、夫婦で旅行に行ったとき地中海で見たギンバイカを墓標として植えた。

都市型樹木葬

●エンディングセンター桜葬墓地

所在地　東京都町田市真光寺町３１８－12　電話０４２－８５０－１２１２

交通　小田急線鶴川駅と京王線若葉台駅からそれぞれ直行バスが出ている

町田いずみ浄苑の中にあるエンディングセンター桜葬墓地

エンディングセンター桜葬墓地の合同慰霊祭「桜葬メモリアル」は桜の咲く季節に行なわれる

利用資格　宗教宗派を問わない

費用　①個別区画（250区画）　1区画は35～70㎝。1区画の使用料30万円、環境保全費21万円。同じ区画に2体目以降は1体10万円。

②共同区画（1区画）　使用料12万円、環境保全費8万4000円。同じ区画に2体目以降は1体10万円。

※その他、エンディングセンター年会費5000円（存命中のみ。事務連絡、ニュースレター、講座開催、相談受付などの費用）。

使用権　土地使用の契約は、個別区画・共同区画とも、エンディングセンター立ち会いのもと、各人が桜葬墓地のある町田いずみ浄苑の管理者（宗教法人観泉寺）と直接取り交わす。宗教は自由。契約者の子どもなどが継承することもできる。継承者がいなくても永続的に管理される。

墓地域　町田いずみ浄苑内にあり、全体で135㎡。3本の桜の木のもとに個別区画と共同区画がある。

墓標　桜

解説　東京初の樹木葬墓地。墓標は桜。桜の咲く時期に合同慰霊祭「桜葬メモリアル」を開催している。

※①の個別区画は完売。2007年6月現在、新しい桜葬墓地の計画が進められている。

●泉谷山西寿寺庭園葬墓地（浄土宗）

所在地　京都市右京区鳴滝泉谷町16　電話075-462-4851

交通　京福電鉄北野線宇多野駅から徒歩15分

利用資格　宗教宗派を問わない。

費用　志納金1体13万5000円（納骨料、読経料、納骨用専用容器代を含む）、「薬師の会」の入会金5000円（水琴窟を聴く会、落語を聴く会、沙羅双樹鑑賞会などの案内通信費）。

※死後納骨も受け入れているが、基本的に生前予約制。生前から自分が入るところに愛着をもってもらいたいとの住職の想いから「薬師の会」の会員となることが条

件。ただし諸会出席は強制ではない。
※納骨後の管理費はない。納骨の際に合同位牌に記名する。
使用権　自然葬（2～3年で土に還る）のため期間はない。遺骨は生前の本人や遺族の希望の場所に埋葬するが、一般墓地と違い墓域を定めた専用使用権もない。
墓地域　全体で230㎡（西寿寺墓地域内）
墓標・解説　周山街道の入口に位置する浄土宗の尼僧寺。既存の墓地の一角をみんなで入る共同の庭園墓地として整備。一年中花が咲いてるようにと、開花時期の異なる花木15種類を植えた。早く土に還れるよう茶葉製の容器にお骨を入れて埋葬、目印として竜の鬚（玉龍）を植える。遺族が花や線香などを供えるお参り用として、隣接地に薬師如来の永代供養合祀墓（遺骨の一部を分骨）がある。また、同じシステムで運営する桜だけを植えた墓所区画もある。

西寿寺本堂

西寿寺の庭園葬地。お骨を埋葬した目印に竜の鬚を植える

コラム　エンディングセンターの桜葬を選んだ人たち

●「満足よ」という亡き母の声が聴こえる（Mさん）

２００５年６月26日、東京都町田市にある「町田いずみ浄苑」の桜葬墓地に、母と、医療過誤で30年以上前に生後２日で亡くなった弟を一緒に納骨することができました。「やっと」というか「ついに」というか…。母の遺骨は１年余り家に安置してありました。

母の死が間近に迫ったとき、母が思い残している弟の墓をどうするかということを話し合い、エンディングセンター代表の井上治代さんに相談したところ、ガーデニングが趣味の母は樹木葬に心ひかれていました。

母が亡くなったあと、見学会やミニ講座に参加し、「桜葬」とする家族の意思が固まりました。お参りされる方々に負担の少ない首都圏で、希望どおりの樹木葬となり、母の「満足よ」という声が聴こえるような気がしました。

最初、１区画ごとに１本の樹木を植えるのではなく、シンボルとなる桜３本の下に寄り集まるのはどうなのかなと思いましたが、徐々にこのカタチがいいと思えるようになりました。1区画1本だと桜のように大木となる樹木は植えられません。桜の花には私たちにも特別な思い出があります。母と最後に見た千鳥ケ淵の桜吹雪。母が日赤医療センターを死に場所に決めた理由の一つは、庭の桜並木に惹かれたからでした。

埋葬の当日は親族や母の高校時代の同級生、がん患者会の仲間など、約30人が参加しました。私の大学時代の恩師は「戒名もお坊さんもなし。芝生の穴の中に入って、ものすごーく自由な感じ」と感激していました。他の参加者からも「すばらしかった」という感想が寄せられ、誰にとっても新しい体験であったことは間違いありません。

今後、桜の花の季節がめぐってくるのが楽しみであり、桜の苗木とともに「ゆるやかな共同体」が育まれていくことにも期待を抱いています。

●桜葬との出会いが新しい縁に（Sさん）

夫は健康診断で食道がんが見つかり、3年余りの闘病生活を経て2002年に亡くなりました。葬儀について子どもたちは、お母さんの思いどおりでよいと言ってくれたので、「故人と密着して送りたい」という私の思いのままに、私のわがままを聞いてくれる葬儀社さんを選び、自宅で家族だけの葬儀を営みました。

一息ついて埋葬となるわけですが、公営の墓地に3回も応募したものの、ことごとく抽選にはずれてしまいました。そのようなときエンディングセンターを知り、説明会に参加し、夫の埋葬は「桜葬」にしようと決めました。そういえば、以前読んだ本で「樹木葬」を知り、このカタチがいいと思っていたことを思い出したのです。

宗教と縁のなかった私が生きる上で拠り所としてきたのは、よりよく生きている、生きようとしている人たちとつながることでした。エンディングセンターにかかわっている人たちには信頼を寄せることができ、これからもつながっていきたいと強く思っています。

2年前に桜葬を契約したときには、夫の遺骨の埋葬は自分と一緒にしようと考えていたのですが、母として子どもたちに父の埋葬を見せたいと思うようになりました。近い将来、夫の親族や友人も参列できる日を選び、私らしい方法で埋葬を行ないたいと考えています。

コラム　西寿寺庭園葬を選んだ人たち

●夫を納骨したNさん

昨日はありがとうございました。天気にも恵まれ、無事納骨を済ませることができました。子どもたちにお墓を守るという責任を持たせなかったことが一番うれしいことです。

私も自然葬でと願っていますので次回訪問したときに手続きをしたいと思っています。住職のお経を読まれる声、やさしく、すうーっと体に入ってくる感じで心うたれました。今後ともよろしくお願いいたします。ありがとうございました。まずはお礼まで。

●夫を庭園葬で（Oさん）

先日はお目にかかれて心から感謝申し上げます。今年の5月からいろいろ永代の墓所をあちこち歩きつつ、人間はやはり他の動物と同じように、自然の土に還ることが幸せとしみじみ思いました。

山門辺りの北山杉の美しい姿や清々しく整えられたお寺の庭に立って、今までにないホッとした安らぎを覚えました。紅葉がちらほら残り、さぞ盛りは美しかっただろうと思う心の何処かで、ここに決めたいという自然な思いが湧きました。高台のしだれ桜の墓所に立つと、かすんだ京都の町が見え、「ああここがいい」という思いにあふれました。

街中の喧騒からあの場所に立ったとき、時空を越えた静寂の中に包まれている幸せを感じました。人生たくさんの方々にささえられ、めぐり会いまた別れて、やっとここにたどりつけたという思いと、やはり神なる力の導きがあったのだという思いでした。生きている中で、何一つ無駄なことはないのかもしれないと思います。

すべて、何かの導きでその人の人生は整えられているように思いました。どんなにつらいことも逃げず、ただひたすら前向きに歩いていけばきっと思いがかなえられるのだという思いでいっぱいです。

これからは出来る限りいろいろな行事に参加させていただき、来春には夫の遺骨をあのしだれ桜の下におさめさせてください。

本当にありがとうございました。これからもよろしく。

本山納骨

本山納骨とは

古くからお寺では、僧侶の社会救済行の一環として、戦《いくさ》で亡くなった人や行き倒れた旅人、事情を抱えた人などの無縁仏を集め合祀してきました。

各宗派の本山寺院でも古くから、宗祖を慕う信徒や、経済的理由や事情があってお墓を建てられない人のための納骨制度があります。寺院によって名称などは異なりますが、このような納骨制度は一般に「本山納骨」と呼ばれています。

「本山納骨」は、少子化や核家族化の影響で、継続を前提とする従来のお墓は持てないが、故人の成仏を願う人の間で好評です。私が聞いた利用者の声としては、故人となった親や自分自身が宗祖を信心している、あるいは慣れ親しんだ従来の仏教による供養に安心を感じている人たちが多いようです。

もちろん、宗派の始祖の祀られている霊廟でもあり、仏教徒としては最も格の高い場所に合祀とはいえ格安の費用で納骨してもらえるわけですから、世間体や経済性の面からも魅力的に映るのでしょう。

本山納骨は、次のような共通点があります。

①開祖の眠るそばに納骨できる。
②家の宗派の檀家寺にお墓を持てなくても、家の宗派でお祀りしてもらえる。
③納骨料（お布施・志納金）が安くかつ明快。
④納骨後に年間管理費や寄付を求められることがない。
⑤必要に応じ法要をお願いしたい場合は、いつでも対応してもらえる。

本山納骨の手順

どの本山でも、分骨・全骨とも受け入れてくれます（日蓮宗本山身延山久遠寺は全骨の場合は高額になる）。また、ここで紹介する本山納骨は合祀のため、一度納骨してしまうとお骨の返還はしてもらえません。「手元供養」用などお骨の一部を残しておきたい場合は事前に分骨しておきましょう。

納骨の手順の例

ほとんどの本山では、随時納骨（年末や大きな祭典を除きほぼ毎日）を受け付けています。おおむね以下のような手順となっているようです。

①事務所で所定の申込書に法名・俗名・命日（死亡年月日）・所属寺院等を記入の上、遺骨とともに受け付けてもらう。ここで、納骨料（納骨料・読経料は、2万〜10万円）を支払う。

※戒名・法名がない場合は記載しなくても可。

※全骨納骨の場合は埋葬（火葬）許可証を持参。ただし一部を手元供養などに分骨する場合は不要。

②事務所で呼び出しを受け、お堂にて読経。受け付けの順にお経の中で名前が唱名さ

れる。それに合わせて遺族は進み出て、お焼香する。
③最後に御廟で読経・納骨。
※本山によっては御廟や納骨堂での施行には参加できないところもある。

以上で本山納骨は完了。とても簡単です。

本山納骨ができるお寺

●真言宗高野山金剛峯寺
所在地　和歌山県高野山町　電話0736－56－2002
納骨場所　奥の院灯籠堂
費用　1霊位5万円（当日の読経料含む）、管理費なし。
※合祀のためお骨の返還は不可。

●浄土真宗本願寺派本山（西本願寺）

所在地　京都市東山区五条橋東6丁目514　電話075－531－4171

納骨場所　大谷本廟

費用　祖壇納骨1体につき5万円（永代経《えいだいきょう》を含む）。納骨量は1霊であれば制限はない。管理費なし。

※永代経とは、亡くなった方をご縁として財物を進納することによって永代にわたり寺院を護持する、自行化他《じぎょうけた》の営みとして行なわれる読経。

※合祀のためお骨の返還は不可。

●真宗大谷派本山（東本願寺）

所在地　京都市東山区円山町477（円山公園南）　大谷祖廟事務所電話075－561－0777

納骨場所　大谷祖廟

費用　①納骨永代経3種1体につき4万円（当日読経、彼岸会に永代読経年1回、案内状なし)。
②納骨永代経4種2万円（当日読経のみ)。
※3種が一般的。納骨量は1霊であれば制限はない。
※合祀のためお骨の返還は不可。

●日蓮宗本山身延山久遠寺
所在地　山梨県南巨摩郡身延町身延3567　法要部納骨係　電話0556－2－1011
納骨場所　身延山西谷の御廟所にある、合同の供養塔に納められる。
費用　普通納骨の場合、志納金は1霊位につき5万円、管理費なし。
※分骨が原則（遺骨は手のひらに載る程度の量)。
※お骨の返還不可。

●浄土宗総本山知恩院
所在地　京都市東山区林下町400　志納所電話075−531−2113
納骨場所　御影堂
費用　普通納骨1霊位につき3万円以上、特別納骨は7万円以上。
※喉仏以外の納骨の場合はそれぞれ1万円追加。
※お骨の返還不可。

●天台宗総本山　比叡山延暦寺
所在地　滋賀県大津市坂本本町4220　阿弥陀堂　電話077−578−0001
納骨場所　阿弥陀堂
費用　①永代供養（読経後供養塔に合祀納骨）年牌（命日読経）納骨1霊20万円〜
②永代供養月牌（各月命日読経）納骨30万円〜。
③永代供養日牌（毎日読経）納骨60万円〜。
※右記納骨種類において全骨可。※お骨の返還不可。※管理費なし。

第5章

「夢のある葬送」の提案

「夢のある葬送」のための準備

自分らしい葬送プランを、今から準備されたらいかがでしょうか？

そして、「エンディングノート」に、自分に万一のことが起こったときのために書き留めておきましょう。残された人にとっても、当人の意向がわかるので、悩むことなく、葬儀や供養を行なうことができます。

それでは、〝夢のある自分の葬送デザイン〟に思いを馳《は》せる前に、考えておかなければならないことを整理しておきましょう。

『それぞれの風景』（堂園メディカルハウス院長・堂園晴彦著）の中に、

「人は人生最期の三ケ月を豊かに生きるために、毎日精進しているのではと、最近思われてなりません。ホスピスに入ったからといって、幸せに死ねるわけではありません。結局はその人の生きてきた道です。死に場所ではなく、死んでいくときの風景が大切なのです。最期の風景はその人の生きてきた人生の彩りなのです。『人は生きて来たように死んでゆく』、私が見送った人々からのメッセージです」

というくだりがあります。〝夢のある自分の葬送デザイン〟も結局、その人それぞれの人生観によるということでしょうか。

人生観はすなわち死生観に包括されるものだと思います。それでは、少し頭を整理するために「死生観」について考えてみましょう。

私の死生観（死を通した生の見方）

死生学とはどういう学問なのでしょう。死生学の開拓者の一人、フィリップ・アリエスによりますと、

「人間は死者を埋葬する唯一の動物である。この埋葬儀礼はネアンデルタール人にまでさかのぼるもので、それ以来、長い歴史の流れの中で、人類は『死に対する態度』を養ってきた。死は自分に訪れるだけでなく身近な人にも当たり前に訪れるもので、しかも身近な人の死は深刻な苦悩を個人にもたらす。死生学は死の必然性に立脚し、このような必然的事実としての死を乗り越えるための学問である」

としています。なかなか難しいですね。

そこで、ここでは次の問いかけから私自身の「死生観」について考えてみます。

①人が死んだらどうなるか？　どこへ行くのか？
②死後や死者をどう捉えるか？
③生についてどのように考え、理解しているか？
④生きることとは何か？　死ぬこととは何か？

①について。魂魄思想（人は精神の霊である「魂」と肉体の霊である「魄」がそろって初めて生きている）を信ずる私は、「魂」は死によって分離しても永遠の生命をもち輪廻転生すると考えています。一方「魄」は、死ぬと骨となりやがて自然に還ると考えています。

要は、人は死ぬと肉体は自然に還るが、霊魂は天上に昇り、死んでしばらくすると、また別の人間になり、繰り返して生き続けると思っているわけです。つまり魂は不滅だと。

②について。私は霊の存在を信じているので、例えばあの世の祖母や父は天上にいて自分を守ってくれていると思っています。そして、私が死ねば天上で先に逝った家

族や友人と再び会えると思っています。

③について。私は特定の神ではなく「大いなる神」の存在を信じています。若いころはそうでもなかったのですが、40歳を過ぎたころから「因果応報」とか「縁」といったものを強く意識するようになり、「生きている」ではなく、「生かされている」といった感覚を持つようになりました。

④について。これは難問です。清貧という精神世界や、潔い生き方に強く惹かれていますが、哀しいかな俗人。「うまい酒も飲みたい」し「食べるものにもこだわりがある」。「きれいな女性に逢うと心乱され」るし「お金もほどほどに欲しい」などなど我欲に振り回されています。理想としては、池波正太郎の『剣客商売』の主人公、秋山古兵衛のように枯れてなお色気のある晩年を理想としているのですが…。このままだと悟りにはほど遠い往生となりそうです。

海への散骨願望や、「手元供養」によって現世の家族との交流を望む私の思いは、このような死生観に基づいています。

おかげで私には死の恐怖はありません。

コラム 「エンディングノート」とは

自分に万一のことが起こったときのために、伝達すべきさまざまな事項をまとめて記入しておくノートが「エンディングノート」です。これを書いておくと、自分の死後、あるいは意識不明になるような急病の際などに役に立ちます。口頭では伝えにくい事柄も、文字にしておくことで正確に、また確実に伝えることができます。

「エンディングノート」に自分が希望する葬儀のカタチをはっきりと書いておけば、残された人も当人の意向がよくわかり、悩むことなく葬儀を行なうことができます。記入する内容は、自分の記録、家族の記録、友人・知人の記録、メモリアルデー、資産の記録、伝えたい言葉、葬儀の希望などです。最近では「エンディングノート」に対する関心が広がって、いろいろなデザインのものが販売されていますから、自分の好みに合うものを探してみましょう。

「夢のある葬送」3つのプラン

では、「夢のある葬送」についてお話ししましょう。プランには3つの選択肢があります。

1つ目は、従来の「家墓」を継承する、または「家族墓」を新たに建てる「一緒にお墓に入る葬送プラン」。

2つ目は、夫婦で相談しながら彼岸の住まいを研究して実現させる「夫婦和《なご》みの葬送プラン」。

そして3つ目は、夫や妻とは関係なく、ひたすら自分の夢を追求する「自己実現やロマンあふれる葬送プラン」です。

1. 一緒にお墓に入る葬送プラン

継承するお墓に仲良く入る

今ある家墓に一緒に入ってもらえるよう、妻にお願いしましょう。往々にして妻は、夫と一緒の墓に入ることは認めても、姑、舅と一緒の墓には入りたがらないものです。手元供養を選んだ人たちの例にあるように、一部は手元供養品にして家族のそばに置く、という説得は有効かもしれません。せめて、長年連れ添った夫婦で一緒に眠りたいものです。

みんなで入れる「集えるお墓」づくり

子どもたちがお参りしやすい場所を選び、「我らここに永眠す」とか「絆」「和」などの墓碑銘にするなど、継承しやすく子どもたちも入りやすい、ストライクゾーンの広い石碑にすることをおすすめします。少子化が進む現代、一人っ子同士の結婚は避けられません。子どもたちが作る新しい縁を認め、両家の縁者が一緒に集えるお墓を

新しいデザインのお墓（写真提供㈱メモリアルアートの大野屋）

作りましょう。

伝統の延長線上にあるこのプランは、比較的誰にも受け入れられやすいものと言えます。夫婦や家族で一緒に自分たちらしい墓石の碑銘やデザインを考えるのも楽しい作業です。最近では、お墓のデザインを専門にするデザイナーもいるようです。芸術性の高い石碑は子どもたちに愛着と誇りを与えるかもしれません。

2. 夫婦和《なご》みの葬送プラン

お墓を嫌う、自立した妻を持つあなた。そして、家族、とりわけ妻を愛するあなたは、死後別居とならない葬送プランを考えてみましょう。妻も待ってましたと賛同し、協力してくれるかもしれません。

見事な山桜の下で夫婦一緒に眠る

「願はくは　花の下にて　春死なむ　その如月の　望月のころ」と詠んだのは平安時代の歌人・西行でした。「如月の望月のころ」はお釈迦さんの命日のことで、「花の下」の花は満開の山桜を指していると言われています。

匂うがごとく華やかにぱっと咲き、ぱっと散る桜。大和心になぞらえられたこの花の特性は、諸行無常の仏陀の教えと重なり、時代を超え日本人の死生観や美意識に深く影響を与えてきました。

前もって子どもたちにこんな話をしてあげれば、夫婦の美意識や日本の文化が伝わるのではないでしょうか？　通常の墓石でなく、桜を墓石にする樹木葬ならば、桜が咲くころに自分たちのことを思い出してもらえます。子どもたちが家族そろってお花見に来てくれるかもしれません。

里山型の樹木葬地は全国にいくつかあります。気に入った場所を探し、樹木葬をしているお寺にお布施を奮発して夢を実現しましょう。

沖縄で老後を過ごした後、常夏の海に散骨

最近、沖縄やその周辺の島に定年後の第二の人生を求めて移住する人が多くなっているようです。冬でも暖かい気候と、篤い人情、トロピカルな海の風景は、疲れた都市生活者を包みこんでくれます。

死後も、暗くて狭くジメジメしたお墓に入るより、南の海へ散骨してもらいましょう。海草や魚の栄養になり、食物連鎖に乗ってイルカになって世界の海をめぐる。こんな夢想も楽しいではありませんか。沖縄にも海洋散骨サービス会社がありますから、この選択は比較的簡単に実現できます。

夫婦で旅をして、気に入ったところを散骨場所に指定する

退職したら夫婦で旅をしようと考えている人におすすめのプランです。新たに墓を作ることを考えたら、その費用でかなり贅沢な旅ができそうです。旅に出たら、ぜひ夫婦で旅日記を書きましょう。そして、気に入った場所を記して、ここは一握り（散骨の量）とか半分とか書いておくのです。子どもたちには、旅日記と一緒に旅費を遺します。散骨場所を推理仕立てにすればさらに楽しいでしょう。

困った親だと思いながらも、両親のありし日の姿を旅日記とともに追体験しながら行く散骨の旅は、親子の心を結びつけるでしょう。散骨場所を探し当てた子どもたちには親孝行をしたという達成感が残るかもしれません。

宗教学者で民俗学者の山折哲雄氏は、墓はいらない、思い出の場所に少しずつ散骨してもらいたいと語っていましたが、このプランはさらに上をいくプランです。ただし、散骨は他人の迷惑にならない場所にすることが最低限のマナーです。必ず守りましょう。

趣味と実益を兼ねて、自分用の骨壺を作る

濡れ落ち葉と嫌われないためにも、退職したら夫婦共通の趣味として陶芸教室に通

い、まずは陶芸技術を学びましょう。腕が上達したら夫婦それぞれ自分用の骨壺を作ります。生前はコーヒーの砂糖壺や梅干し入れとして使い、愛着を持って生活を楽しみましょう。死後はこの壺に遺骨の一部を入れて手元供養として家族の居間に飾ってもらうもよし、お墓に入れるもよしです。

このプランはすでに実践者がいます。志賀直哉は、自分の骨壺を陶芸家の浜田庄司に作ってもらい、生前は砂糖入れとして使っていたというのは有名な話です。夫婦それぞれの代表作を交換して自分の骨壺とすれば、死後もお互いの深い愛に包まれて眠ることができます。

3. 自己実現やロマンあふれる葬送プラン

家族のことは脇に置き、自分の人生の総仕上げとして、自己実現やロマンあふれる葬送プランを願うあなた。死後別居となるかもしれませんが、こんなプランはいかがですか?

ガンジス河に散骨して悠久の旅人となる

輪廻転生を願い、シバ神がすむとされている聖地ベナレスで、母なるガンジス河に散骨してもらいます。インド仏教を生んだベナレスには毎年、インド全土から100万人以上の巡礼者が訪れます。ここで火葬して遺灰をガンジス河に流せば天国へいけると、広く信じられているからです。あなたも明るい来世を信じ、ヒマラヤを源流とする母なるガンジス河に身を委《ゆだ》ねるというのもいいのではないでしょうか。

三島由紀夫もベナレスを訪れ、現世の深淵を垣間見てショックを受けた一人です。彼はそのインスピレーションをもとにして、『豊饒の海』『暁の寺』の登場人物の輪廻転生を描きました。

大陸を潤す母なる大河は魅力的です。ガンジス河でなくてもナイル河やアマゾン河でもいい。要は悠久の時とロマンを感じる場所であれば、オーロラの見える北極、ゴーギャンの愛したタヒチ、どこでもいいのです。もちろん、遺族に迷惑をかけないためにも、遺言と旅費の用意は忘れずに。

ベナレスの沐浴風景（撮影 銅野啓子）

大好きな作家や尊敬する人のそばで眠る

人生の中で、今生きている人であれ、歴史上の人物であれ、師と仰ぐ人や愛する人との出会いは貴重なものです。自分の人格形成や人生に大きく影響を与えた人物のそばで永遠の眠りにつく……。考えてみれば慕い尊敬する宗祖の下に納骨する「本山納骨」もこの一形態といえます。

であれば、それが池波正太郎であっても永井荷風であってもいいはずです。俳句を愛する人なら松尾芭蕉であっても。さらにいえばそれがショパンであっても、夏目雅子であってもいいのです。

お目当ての人の墓があるお寺や墓地管理

者と交渉してみましょう。少々高くったっていいではないですか。あの世にお金は持っていけないのです。彼岸で大好きな人と近所付き合いができるのであれば安いものです。家族に苦笑されたりあきれられたりするかもしれませんが、こんな墓所の選択があってもいいのではないでしょうか。

有名人のお墓情報は、さまざまなサイトで公表されています。そばに眠ることが叶わなければ、お墓を訪ねるだけでもその人をより身近に感じることができるでしょう。

本を書き、墓の代わりに家族に遺す

子どもたちは、自分の父や母が、どういう時代背景の中で、何を考え、どう生きてきたかということについて、案外知らないのではないかと思います。私の友人は自分の「本」を書き、自分の経験や思いを子どもに伝え遺そうと考えています。だから、我が身は散骨で、きれいさっぱり。墓はいらないといいます。

確かに、供養を「偲び」と考えれば、これほど父親や母親の愛を子どもの心や脳裏に焼き付け、思い出してもらえる強力な手段は他にないかもしれません。人生の先輩として、生きる上でのさまざまな知恵を伝授するという役割も果たすわけですから、有益な方法ともいえます。

人として生を受ける者すべてにやがて死はおとずれます。ほがらかな死を迎えるためにも、イマジネーションをたくましくして、あなたらしい、夢のあるエンディングシナリオ――それぞれの風景を描いてみてはいかがでしょうか。

第6章　供養に関するQ&A

私が供養のことに関わるようになって5年になりますが、その間、いろいろなご相談を受けてきました。その中で、多くの人が気にされている9つの事柄をQ＆A方式で取り上げてみました。

Q1．仏壇は必ずいるものですか？

本来は宗派のご本尊（仏）をお祀りするものです。信仰の対象として考えるなら当然必要ですが、現在では、亡くなった親族を供養する場として考えている人が多いようです。あなたが故人を偲ぶ場と考えるのなら、必ずしも仏壇にこだわらなくてもいいのではないでしょうか。家族の集まる居間や書斎に写真と手元供養品を置くなど、人によってさまざまな方法があると思います。

Q2．遺骨を自宅に置いてもよいのですか？

「遺骨をいつまでも家に置いておくと故人が成仏しない」と言う人がいます。大切な人を亡くし、悲しみの中に暮らす遺族への心ない言葉です。

遺族の気の済むまでそばに置いてあげればいいのです。一説では関東では１００万個以上の骨壺が自宅に安置されているといわれています。骨壺を家に置いている家族がそのために不幸になったなどという話は聞いたことがありません。実際、自宅に骨壺を安置して、それによって癒されたり元気をもらっている人はたくさんいます。要は、あなたの心の持ちようです。

もちろん、遺骨を家に安置することは、法律上も何ら問題はありません。

Ｑ３．分骨してもよいのですか？

西日本では部分収骨で骨上げをするので、その時点でお骨は分かれています。家族の事情により、別々のお墓に分けて入れたり「本山納骨」をするなど、分骨は昔から行なわれてきました。

菩提寺の住職にたずねたら「分骨はいけない」と諭された、という話もよく聞きます。仏教では本当にそう考えられているのでしょうか？

浄土真宗のある住職のお話をご紹介します。

「故人の遺徳を偲ぶ縁として遺骨があります。遺骨を前にして、縁ある人々が少しでも多く故人の遺徳を偲び、如来様の広大なお慈悲に遭うことができれば、むしろ慶ばしいことと言わねばなりません。お釈迦様のご遺骨（仏舎利）は8つに分骨され仏舎利塔が建立されました。ですから分骨がいけない理由はどこにもありません」

あなたは、どう思われますか？

Q4．分骨はいつ行なうのですか？

■火葬場で分骨する場合

分骨を希望する場合は、火葬前に申し出ると分骨証明書を発行してくれます。その際は、分骨用の容器（骨壺など）を用意してください。

■墓地や納骨堂にいったん納めた遺骨を分骨する場合

墓地や納骨堂の管理者に分骨証明書を出してもらいます。その証明書を分骨先の管理者に提出します。

※証明書が必要となるのは、遺骨を別の墓地や納骨堂に分けて納める場合です。散

骨するので一部分を分ける、手元に少し置くので分けるという場合は、特に証明書をもらう必要はないでしょう。

※手元供養など少しの分骨であれば、ハンカチに包んで持ち帰る人も多いようです。

Ｑ５．使わなくなった骨壺（コツ箱）はどう処分すればよいのですか？

いらなくなった容器、骨壺（コツ箱）は、行政ではゴミとして処分することになります。自治体によって分別の仕方が違いますので確認してください。

Ｑ６．仏壇・過去帳の処分はどうすればよいのですか？

お寺に相談すれば方法を教えてくれるようです。また、仏壇や位牌、故人の使ったものなどを処分してくれる業者もあります。

Ｑ７．手元供養にしたあとに残るお骨はどうすればよいのですか？

死生観、供養観、宗教観などは人それぞれです。自分らしい、または故人らしい遺骨の行き先をお考えください。なお、納骨のさまざまな方法についての詳細は第4章を参照してください。

■お墓がある場合は、残りのお骨は従来どおり納骨してください。

「家墓」がない場合でも、遺骨の行き場所の選択肢はあります。

■本山納骨

各宗派の本山で約5万～10万円で合祀納骨供養が受けられます。

■永代供養墓

全国的に増えている、お寺などが管理する〝共同のお墓〟。納骨方法、お勤め内容により費用は8万～60万円と差があります。お骨で仏様を建立する一心寺（大阪）では1万5000円～。

■樹木葬

墓石を置かず、樹木を墓標として植えます。費用は15万～50万円。

■散骨

年々増加する傾向にある海洋散骨の費用は委託散骨で5万円程度、遺族参加は10万

〜30万円。
※表示費用は目安です。

Q8．手元供養していた人が亡くなりました。手元供養品はどうすればよいのですか？

身内で引き継がれる方もいらっしゃいますが、あとに残したくない場合は、納骨型と加工型で処理方法が異なります。
少量分骨の納骨型の場合はご遺骨だけを取り出し、その方と一緒に棺に納めます。残ったオブジェ等は不燃ゴミとして処分してください。引き取りサービス（有料）を行なっているメーカーもありますので、各メーカーにお尋ねください。
加工型の場合は、メーカーによって素材・加工方法ともに異なります。処理方法については、購入したメーカーにお尋ねください。

Q9．お墓を整理したいのですが、どうすればよいのですか？

郷里の墓が遠い、お寺さんを代えたい、子どもの代では墓守が難しいので永代供養にしたい、など、今あるお墓を整理して、自分に合ったカタチに変えようと考えている人は多くいらっしゃいます。

よくお墓の引っ越しといわれますが、すでに埋葬されている遺骨を移すことを手続き上は「改葬」といいます。「改葬」には、法律に則り行政への申請が必要になります。以下、その手順を紹介します。

■改葬の手順

①新しい墓の「受け入れ証明書」を発行してもらいます。

遺骨の引っ越し先のお寺や霊園管理者から「受け入れ証明書」を発行してもらいます。合祀型の「本山納骨」の場合は「改葬許可証」も「火葬許可書」もいらない場合が多いようです。散骨の場合は、改葬にあたらないので「受け入れ証明書」はいりません。当然、以下に述べる③④⑥の手続きも不要です。②⑤⑨の手続きでOKです。

②改葬の事情を、事前にお寺（墓地・納骨堂管理者）に説明しておきます。

改葬の理由で多いのは、次のような事情です。

・お墓が遠く、なかなかお参りができなくて心の負担になっている
・自分も歳をとり、近い将来、体がいうことをきかなくなりそうだ
・お墓を継承してもらえる子どもがいないので自分が元気なうちに
・転勤族の子どもにはお墓のお守りができないため
・一人娘が嫁ぎ、実家の墓まで手が回らない
・経済的に余裕がなく、お寺に迷惑をかける

③引っ越し先の役所で必要な書類（改葬許可申請書・埋葬証明書）を受け取ります。役所の窓口は、戸籍課または住民課（遠隔地の場合、改葬許可申請書の郵送を役所に依頼）。改葬許可申請書は各市町村により様式が異なります（改葬許可申請書・埋葬証明書は一つの書類になっている場合が多い）。改葬許可申請書に受け入れ墓地管理者の署名捺印を求める市町村もあるので、事前に電話なりで確かめる必要があります。遺骨を親族等の墓に預けているときは、その墓の名義人の改葬承諾印も必要です。

④お寺（墓地・納骨堂管理者）に埋葬証明書に記入・捺印してもらいます。お寺に理解してもらったら、今までの感謝（縁切り料）としてお金を包むところも

あるようです。集落の共同墓地の場合は、役場が地域（区長等）に管理委託しているケースが多く、その場合は墓地管理委託者に埋蔵証明書に署名・捺印してもらいます。
⑤お墓の撤去と整地の見積もりをとります。
お寺の場合は、出入りの石材店、その他のケースでは地元の石材店を探し、見積もりをもらって業者・費用を決定します。
⑥改葬許可書を取得します。
「改葬許可申請書（埋葬証明書含む）」に必要事項を記入し、「受け入れ証明書」と合わせ、引っ越し先の役所に申請に行き「改葬許可申請書」に許可の捺印をもらいます。

これで改葬許可書は完成、遺骨の移動が法的に承認されました。
⑦閉眼供養を行ないます。
「改葬許可申請書」を提示の上（その際、改葬許可証は渡さない）、お寺にお願いして閉眼供養（魂抜き）をしてもらいます。その際、お布施が必要です。

このとき、石材店にも来てもらい、お墓から遺骨を取り出したら石材店に墓石を撤去・整地してもらいます。

最近では、田舎の集落の共同墓地の場合、檀那寺があっても、子どもの代になって付き合いがないと、閉眼供養を別の僧侶に出張して行なってもらうケースもあります。

⑧納骨の日時を打ち合わせます。

お寺、霊園管理者、永代供養墓管理者、樹木葬墓地管理者、散骨会社などと納骨の日時を打ち合わせます。

本山納骨合祀型や一部永代供養合祀寺院（一心寺）等は、随時受け付けているので、墓地管理者との日程調整は必要ありません。

⑨納骨します。

引っ越し先のお寺または霊園で納骨式（開眼供養）を行ないます。海洋散骨の場合は納骨ではありませんが、散骨会社と散骨日を打ち合わせて実施します。

本山納骨合祀型、樹木葬墓地寺院、永代供養合祀寺院の場合は、各寺院が納骨書式を持っている場合がほとんどです。必要事項を記入し、志納金（納骨料・読経料等）を納めて納骨します。

以上で、遺骨の引っ越しは完了です。

おわりに

「象は死期を悟ると群を離れひとりで死地におもむく」と言われますが、これはあまりに寂しい選択です。温かな家族に看取られ旅立ったあとも、たまには思い出してほしいと願うのが人情です。

これまでの人生に満足している人にも満足していない人にも、大切なご両親にも「死」はまちがいなく100％平等に、それも突然訪れるかもしれません。

宗教、世間体、死への畏怖、家意識、親戚とのしがらみ、慣習などさまざまな要素が絡み合うのが供養の常です。そのために、遺族の本音を妨げている例もよく見られます。残念なことです。

本当に大事なことは、しきたりや形式にとらわれることなく、「心から故人を偲ぶ・偲ばれる」ことではないでしょうか。

手元供養は、供養の対象が代々のご先祖さまである「イエ」ではなく、素な心で感謝し偲ぶことができる「個人」を対象とした、古くて新しい供養のカタチです。「手元供養を選んだ人たち」でご紹介したように、かけがえのない人への供養のカタチはさまざまです。

はじめにでも書きましたが、ご両親のことも含め「昨日まで　人のことかと　思いしが　おれが死ぬのか　それはたまらん」となっても大丈夫なよう心づもりをしておくことが大切です。

備えあれば憂いなし。元気なうちに、自分らしいエンディングのデザインをしておくことをおすすめします。

２００７年７月

京都・吉祥院にて　山崎譲二

NPO手元供養協会について

《設立の経緯》

２００２年ごろから、お骨の一部をそばに置いたり身に着けることで、大切な人を偲ぶあるいは感謝する新しいタイプの手元供養品が、自然発生的にいくつか世に出てくるようになりました。

その後、新しい葬送を啓蒙するイベントにボランティア参加した、手元供養品を扱う各社の代表の間に信頼関係が築かれ、一方、イベント来場者からの大きな共感・反響が得られたことも手伝って、協会設立の気運が高まりました。そうして２００５年6月15日に、日本の主だった手元供養品を扱う全国7社の代表者が発起人となり、葬送文化に造詣の深い八木澤壮一氏（共立女子大学教授）に顧問をお願いし、「ＮＰＯ手元供養協会」が設立されました。現在、正会員10名、準会員8社が、手元供養文化の普及や新しい葬送情報の提供活動にボランティアで取り組んでいます。

《活動の内容》

協会発足以来、全国7都市（札幌、東京、大和、大阪、福岡、長崎、名古屋。２００7年5月末現在）で「手元供養展」を開催。１００アイテムにおよぶ手元供養品をはじめ樹木葬、散骨、永代供養墓など〝新しい葬送情報〟を提供するとともに、〝一

NPO手元供養協会

安心の協会ロゴ

協会活動フォーラム風景

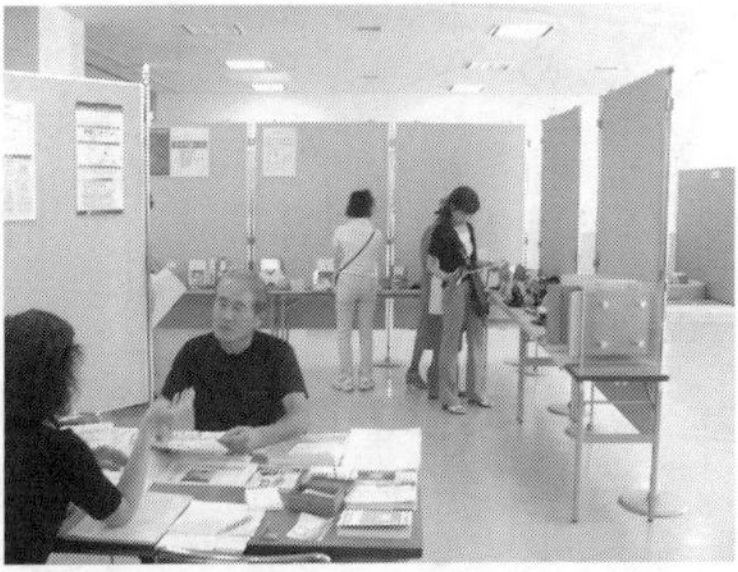

手元供養展の様子

連の葬送の流れや各段階のチェックポイントの葬送情報〟を展示、相談コーナーも設置して、来場者は延べ2000人を数えています。札幌では、地元の葬送を考える市民団体と共催でシンポジウムも開催しています。

2006年9月には協会ホームページ（http://www.temoto-kuyo.org/）も立ち上げ、イベントのお知らせや手元供養情報を提供しています。

手元供養は、大切なお骨を扱うことから高い倫理性が要求されます。NPO手元供養協会では、安心できる手元供養品であることを表示するため、協会加盟企業の共通ロゴマークが使われています。

参考文献

井上治代『墓をめぐる家族論』平凡社新書　２０００年

井上治代『子の世話にならずに死にたい』講談社現代新書　２００５年

斎藤美奈子『冠婚葬祭のひみつ』岩波新書　２００６年

丸山和也編『臨終デザイン』明治書院　２００６年

柿田睦夫『現代葬儀考』新日本出版社　２００６年

北村香織『小さなお葬式』小学館　２００６年

仏事ガイド編集部・編『永代供養墓の本』六月書房　２００５年

小谷みどり『変わるお葬式、消えるお墓・新版』岩波書店　２００６年

徳留佳之『お墓に入りたくない人 入れない人のために』はまの出版　２００６年

玄侑宗久『死んだらどうなるの？』ちくまプリマー新書　２００５年

碑文谷創『死に方を忘れた日本人』大東出版社　２００３年

ひろさちや『お葬式をどうするか』ＰＨＰ新書　２０００年

加地伸行『沈黙の宗教—儒教』ちくまライブラリー　１９９４年
山折哲雄『宗教の力』ＰＨＰ新書　１９９９年
高橋繁行『葬祭の日本史』講談社現代新書　２００４年
横田睦『お骨のゆくえ』平凡社新書　２０００年
月刊『仏事』９月号　鎌倉新書　２００６年
加藤廣・若桜木虔『長い戒名ほど立派なのか』ＫＫベストセラーズ　２００７年
中村生雄編『思想の身体—死の巻』春秋社　２００６年
高倉健『南極のペンギン』集英社文庫　２００１年
安田睦彦『お墓がないと死ねませんか』岩波ブックレット№２６２　１９９８年

資料編

行動するための各種連絡先

■主な手元供養品メーカー

㈱エターナル・ジャパン

東京都墨田区立川3-6-15-802　電話03-3846-4380　お墓に代わる遺骨メモリアルの草分け。「エターナルプレート」「エターナルペンダント」「エターナルパウダー」など、遺灰で作るファインセラミックの手元供養品を製作・販売。

㈲アルゴダンザ・ジャパン

静岡市葵区両替町2-4-15 静岡Ｏ・Ｎビル7F
電話050-3616-5684　故人の遺灰から製作する「メモリアルダイヤモンド」で知られるスイス・アルゴダンザ社の日本総代理店。

㈱ホウジョウ

大阪府松原市上田6-9-23　電話072-336-0940　オリジナルのメモリアルペンダント、ガラス製のミニ骨壺、作家骨壺など、国内外の手元供養品を多数揃える、日本初の手元供養品専門店。

㈲博國屋《ひろくにや》

京都市南区吉祥院内河原町３ 京都陶芸工房　電話075-315-3370
内部が遺骨を納める容器になっている清水焼のオブジェ「おもいで碑」、竹と漆で作る納骨ペンダント「かぐや姫」、真鍮製のミニ骨壺「なごみシリーズ」「八角舎利」などを製作・販売。

佐々木木工㈱

広島県府中市中須町397-1　電話0847-52-3535　手元供養に合うアーバン仏壇「ベガ」「ロクス」「モンテ」「トッティ」「プレーチェ」などを製造・販売。そのほか国内外の手元供養品を販売する。

㈲五峰産業《ごほうさんぎょう》

香川県高松市庵治町3798-1　電話087-871-3010　「ふれ愛」「宝子」「十五夜」「揺りかご」「魂の滴」「笑くぼ」など、内部が遺骨を納める容器になっている、庵治石などでできた各種オブジェを製作・販売。

■手元供養品を購入できる店

○北海道

山崎石材 ギャラリー
北海道滝川市二の坂町東1-2-1　電話0125-23-2708

○関東

大野屋メモリアルギャラリー さいたま
埼玉県さいたま市桜区下大久保829-2　電話048-840-1961

はせがわ 高円寺店
東京都杉並区高円寺北2-7-6 純情商店街　電話03-5327-5613

ラビスアーク方南《ほうなん》
東京都杉並区方南2-15-3　電話03-5305-8947

大野屋メモリアル相談センター綾瀬
東京都足立区綾瀬3-4-25 イトーヨーカドー綾瀬5F
電話03-5697-8528

大野屋メモリアルギャラリー 国分寺
東京都国分寺市南町3-23-6 ルミエール国分寺ビル1F
電話042-325-4111

ギャラリーメモリアゆきげ 新横浜店
神奈川県横浜市港北区新横浜2-6-23 金子第二ビル10F
電話045-473-0732

大野屋メモリアルギャラリー さぎ沼
神奈川県川崎市宮前区鷺沼1-8-5 エトワーレ・オトール鷺沼1F
電話044-870-4111

ギャラリーメモリアゆきげ 大和店
神奈川県大和市大和南1-5-14 永和大和ビル2F
電話046-200-1504

○関西

仏光殿セレモニーユニオン
大阪市平野区瓜破東4-1-83　電話06-6797-1195

ユーアイ 守口店
大阪府守口市大日町3-12-59　電話06-6902-7900

ユーアイ 箕面《みのお》店
大阪府箕面市牧落3-1-4　電話072-725-1077

手元供養専門店「方丈」
大阪府松原市上田6-9-23　電話072-336-0940

大野屋メモリアル相談センター 三宮駅前店
兵庫県神戸市中央区雲井通6-1-15 ダイエー三宮駅前店サンシティ2F
電話078-222-7135

コープこうべクレリ案内センター 住吉店
兵庫県神戸市東灘区住吉宮町4-1-25　電話078-856-8010

大野屋メモリアル相談センター 川西店
兵庫県川西市栄町11-3-1 パルティK2 115　電話072-758-4111

コープこうべクレリ案内センター 明石店
兵庫県明石市鳥羽字障子口890　電話078-922-7146

○中国・山陰

ギャラリーメモリア 岡山門田屋敷
岡山市門田屋敷本町1-11 岸本ビル2F　電話086-273-1121

ワイズプリア中須ショールーム
広島県府中市中須町397-1　電話0847-52-3535

南口石創
鳥取市桂木245-19　電話0857-53-5565

○九州

天国社 姪浜《めいのはま》会館
福岡市西区姪浜駅南2-20-25　電話092-883-4949

ギャラリーメモリア 八女
福岡県八女市大字本村425-98-2　電話0943-22-4702

ギャラリーメモリア 長崎店
長崎県長崎市鍛治屋町1-10　電話095-818-3940

■永代供養墓の相談

NPO法人永代供養推進協会
東京都目黒区駒場1-19-18-601　電話03-3485-6683

■民間散骨サービス

㈱公営社（海洋葬）
東京都新宿区百人町2-21-1　電話03-3361-1593

ニライカナイ（沖縄エリア専門）
東京都立川市曙町1-3-10　電話042-522-3718

㈱サン・ライフ
神奈川県平塚市馬入本町13-11　電話0463-22-4943

㈲「風」
神奈川県横須賀市池上7-13-1-207　電話0120-040-352

㈱クレリシステム
兵庫県尼崎市水堂町3-19-8　電話06-6432-7763

■粉骨サービス

戸田葬祭サービス㈱
東京都板橋区舟渡4-16-11　電話03-3967-4249

㈱エターナル・ジャパン
東京都墨田区立川3-6-15-802　電話03-3846-4380

㈱ホウジョウ
大阪府松原市上田6- 9-23　電話072-336-0940

彩月庵《さいげつあん》
兵庫県姫路市八代緑ヶ丘町6-19　電話0792-92-1608

■葬送関連の市民団体

NPO 法人 葬送を考える市民の会
札幌市中央区南2条西10丁目 クワガタビル2F
電話011-261-6698

NPO 法人 遺言相続サポートセンター
東京都新宿区西新宿1-7-1 松岡セントラルビル3F
電話03-5947-5422

NPO 法人 エンディングセンター
東京都世田谷区北烏山1-8-18　電話03-3341-3555

NPO 法人 葬送の自由をすすめる会
東京都文京区後楽2-2-15　早川ビル1F　電話03-5684-2671

大蓮寺・エンディングを考える市民の会
大阪市天王寺区下寺町1 大蓮寺・應典院内　電話06-6774-0113

NPO「手元供養協会」事務局
京都市南区吉祥院内河原町3 京都陶芸工房103 博國屋内
電話075-315-3370

NPO「自分らしい葬送を考える会」
福岡市西区愛宕1-25-1-801　電話092-885-2833

編集協力　阿部編集事務所
本文デザイン　長谷川 理 (Phontage Guild)

★読者のみなさまにお願い

この本をお読みになって、どんな感想をお持ちでしょうか。次ページの「100字書評」（原稿用紙）にご記入のうえ、ページを切りとり、左記編集部までお送りいただけたらありがたく存じます。今後の企画の参考にさせていただきます。また、電子メールでも結構です。

お寄せいただいた「100字書評」は、ご了解のうえ新聞・雑誌などを通じて紹介させていただくこともあります。採用の場合は、特製図書カードを差しあげます。

なお、ご記入のお名前、ご住所、ご連絡先等は、書評紹介の事前了解、謝礼のお届け以外の目的で利用することはありません。また、それらの情報を六カ月を超えて保管することもありません。

〒一〇一―八七〇一　東京都千代田区神田神保町三―六―五　九段尚学ビル
祥伝社　書籍出版部　祥伝社新書編集部
電話〇三（三二六五）二三一〇　E-Mail : shinsho@shodensha.co.jp

★本書の購入動機（新聞名か雑誌名、あるいは○をつけてください）

＿＿＿＿新聞の広告を見て	＿＿＿＿誌の広告を見て	＿＿＿＿新聞の書評を見て	＿＿＿＿誌の書評を見て	書店で見かけて	知人のすすめで

★100字書評……手元《てもと》供養のすすめ

名前

住所

年齢

職業

山崎譲二　やまさき・じょうじ

1949年、愛媛県松山市生まれ。日本大学理工学部を卒業後、セゾングループのまちづくりプランナーとして、全国のニュータウン造りにかかわる。阪神大震災、父の死などをきっかけに供養のしかたに関心をおぼえる。手元供養というネーミングをし、会社を興し、またNPO手元供養協会会長として、全国をとびまわる。NHKラジオで手元供養の話をしたところ、大反響があった。

「お墓《はか》」の心配《しんぱい》無用《むよう》　**手元《てもと》供養《くよう》のすすめ**

山崎《やまさき》譲二《じょうじ》

2007年8月5日　初版第1刷発行

発行者……………深澤健一
発行所……………祥伝社《しょうでんしゃ》
〒101-8701　東京都千代田区神田神保町3-6-5
電話　03(3265)2081(販売部)
電話　03(3265)2310(編集部)
電話　03(3265)3622(業務部)
ホームページ　http://www.shodensha.co.jp/

装丁者……………盛川和洋　イラスト……………武田史子
印刷所……………萩原印刷
製本所……………ナショナル製本

造本には十分注意しておりますが、万一、落丁、乱丁などの不良品がありましたら、「業務部」あてにお送りください。送料小社負担にてお取り替えいたします。

Printed in Japan　ISBN978-4-396-11077-2　C0215

〈祥伝社新書〉好評既刊